suhrkamp taschenbuch 970

Walter Benjamin, geboren am 15. Juli 1892, studierte in Freiburg, Berlin, München und Bern Philosophie und lebte nach seiner Promotion als freier Schriftsteller und Übersetzer in Berlin. Er emigrierte 1933 nach Frankreich und wurde Pariser Mitglied des nach Genf und später nach New York verlegten Instituts für Sozialforschung. Am 27. September 1940 nahm er sich auf der Flucht vor den deutschen Truppen in dem spanischen Grenzort Port Bou das Leben. Sein Werk im Suhrkamp Verlag ist ab Seite 98 verzeichnet.

»Nichts muß den Leser, der diesem Schriftsteller nahezukommen sucht, mehr fesseln als einige Briefe aus der Epoche von 1783 bis 1883. Benjamin hat sie ausgewählt und kommentiert. Die Wahl gründet sich auf eine staunenerregende Vergegenwärtigung dieses Jahrhunderts als der Krone des Bürgertums. Die Kommentare machen die Briefe durchscheinend für den Augenblick, in dem sie entstanden, für den Mann, der sie schrieb; wobei Benjamin sich in seiner außerordentlichen Fähigkeit bewährt, den Karat der Sprache genau zu bestimmen. Das Ziel der Veröffentlichung jener Briefe offenbart die Unbeirrbarkeit Benjamins: er gab sie 1936 in der Schweiz heraus; unter dem Titel *Deutsche Menschen* hielt da ein Richter und ein Liebender dem verwirrten Vaterland den Spiegel vor und zugleich das Bild der deutschen Humanität, die es einmal gegeben hatte.« *Benno Reifenberg*

Deutsche Menschen
Eine Folge von Briefen

Auswahl und Einleitungen
von Walter Benjamin

Suhrkamp

Mit einem Nachwort von Theodor W. Adorno
Umschlagfoto: Germaine Krull

suhrkamp taschenbuch 970
Erste Auflage 1984

Druck: Druckhaus Nomos, Sinzheim
Printed in Germany
Umschlag: Göllner, Michels, Zegarzewski
ISBN 3-518-37470-2

4 5 6 7 8 9 – 11 10 09 08 07 06

Deutsche Menschen

Von Ehre ohne Ruhm
Von Größe ohne Glanz
Von Würde ohne Sold

Vorwort

Die fünfundzwanzig Briefe dieses Bandes umfassen den Zeitraum eines Jahrhunderts. Der erste ist von 1783, der letzte von 1883 datiert. Die Reihenfolge ist chronologisch. Außerhalb ihrer ist das folgende Schreiben gestellt. Aus der Mitte des hier umspannten Jahrhunderts stammend, gibt es den Blick auf die Anfänge der Epoche – Goethes Jugend – frei, in welcher das Bürgertum seine großen Positionen bezog; es gibt ihn aber – durch seinen Anlaß, Goethes Tod – auch auf das Ende dieser Epoche frei, da das Bürgertum nur noch die Positionen, nicht mehr den Geist bewahrte, in welchem es diese Positionen erobert hatte. Es war die Epoche, in der das Bürgertum sein geprägtes und gewichtiges Wort in die Waagschale der Geschichte zu legen hatte. Freilich schwerlich mehr als eben dieses Wort; darum ging sie unschön mit den Gründerjahren zu Ende. Lange ehe der folgende Brief geschrieben wurde, hatte, im Alter von sechsundsiebzig Jahren, Goethe dieses Ende in einem Gesicht erfaßt, das er Zelter in folgenden Worten mitteilte: »Reichthum und Schnelligkeit ist, was die Welt bewundert und wornach jeder strebt. Eisenbahnen, Schnellposten, Dampfschiffe und alle mögliche Facilitäten der Communication sind es, worauf die gebildete Welt ausgeht, sich zu überbilden und dadurch in der Mittelmäßigkeit zu verharren ... Eigentlich ist es das Jahrhundert für die fähigen Köpfe, für leichtfassende praktische Menschen, die, mit einer gewissen Gewandtheit ausgestattet, ihre Superiorität über die Menge fühlen, wenn sie gleich selbst nicht zum Höchsten begabt sind. Laß uns soviel als möglich an der Gesinnung halten, in der wir herankamen; wir werden, mit vielleicht noch Wenigen, die Letzten seyn einer Epoche, die so bald nicht wiederkehrt.«

Karl Friedrich Zelter an Kanzler von Müller

Berlin, den 31. März 1832.

Erst heute, verehrtester Mann, kann ich Ihnen für die freundschaftlichste Theilnahme danken, von welcher Art auch die Gelegenheit diesmal seyn mag.

Was zu erwarten, zu fürchten war, mußte ja kommen. Die Stunde hat geschlagen. Der Weiser steht wie die Sonne zu Gibeon, denn siehe auf seinen Rücken hingestreckt liegt der Mann, der auf Säulen des Hercules das Universum beschritt, wenn unter ihm die Mächte der Erde um den Staub eiferten unter ihren Füßen.

Was kann ich von mir sagen? zu Ihnen? zu allen dort? und überall? – Wie Er dahinging vor mir, so rück' ich Ihm nun täglich näher und werd' Ihn einholen, den holden Frieden zu verewigen, der so viel Jahre nach einander den Raum von sechsunddreyßig Meilen zwischen uns erheitert und belebt hat.

Nun hab' ich die Bitte: hören Sie nicht auf, mich Ihrer freundschaftlichen Mittheilungen zu würdigen. Sie werden ermessen, was ich wissen darf, da Ihnen das niemals gestörte Verhältnis zweyer, im Wesen stets einigen, wenn auch dem Inhalte nach weit von einander entfernten Vertrauten bekannt ist. Ich bin wie eine Wittwe, die ihren Mann verliert, ihren Herrn und Versorger! Und doch darf ich nicht trauern; ich muß erstaunen über den Reichthum, den er mir zugebracht hat. Solchen Schatz hab' ich zu bewahren und mir die Zinsen zu Capital zu machen.

Verzeihen Sie, edler Freund! ich soll ja nicht klagen, und doch wollen die alten Augen nicht gehorchen und Stich halten. Ihn aber habe ich auch einmal weinen sehn, das muß mich rechtfertigen.

Zelter.

Man kennt den berühmten Brief, den Lessing nach dem Tod seiner Frau an Eschenburg schrieb: »Meine Frau ist tot: und diese Erfahrung habe ich nun auch gemacht. Ich freue mich, daß mir viel dergleichen Erfahrungen nicht mehr übrig sein können zu machen; und bin ganz leicht. – Auch tut es mir wohl, daß ich mich Ihres, und unsrer übrigen Freunde in Braunschweig, Beileids versichert halten darf.« – Das ist alles. Diesen großartigen Lakonismus hat auch der soviel längere Brief, den Lichtenberg, nicht viel später und aus verwandtem Anlaß, an einen Jugendfreund gerichtet hat. Denn so ausführlich er über die Lebensumstände des kleinen Mädchens ist, das Lichtenberg in sein Haus nahm, so weit er in ihre Kindheit zurückgreift, so unvermittelt und erschütternd ist, wie er – ohne ein Wort von Krankheit und Krankenlager – mittendrin abbricht, als hätte der Tod nicht nach der Geliebten allein, sondern auch nach der Feder gegriffen, die ihre Erinnerung festhält. In einer Umwelt, die in ihren Tagesmoden vom Geist der Empfindsamkeit, in ihrer Dichtung vom genialischen Wesen erfüllt war, prägen unbeugsame Prosaisten, Lessing und Lichtenberg an der Spitze, preußischen Geist reiner und menschlicher aus als das fredericianische Militär. Es ist der Geist, der bei Lessing die Worte findet: »Ich wollte es auch einmal so gut haben wie andere Menschen. Aber es ist mir schlecht bekommen« und Lichtenberg die grausame Wendung eingibt: »Die Ärzte hoffen wieder. Mich dünkt aber es ist alles vorbei, denn ich bekomme kein Gold für meine Hoffnung.« Die in Tränen gebeizten, in Entsagung geschrumpften Züge, die aus solchen Briefen uns ansehen, sind Zeugen einer Sachlichkeit, die mit keiner neuen den Vergleich zu meiden hat. Im Gegenteil: wenn irgend eine, so ist die Haltung dieser Bürger unverbraucht und von dem Raubbau unbetroffen geblieben, den das neunzehnte Jahrhundert in Zitaten und Hoftheatern mit den »Klassikern« trieb.

Georg Christoph Lichtenberg an G. H. Amelung

Göttingen, Anfang 1783.

Mein allerliebster Freund,

Das heiße ich fürwahr deutsche Freundschaft, liebster Mann. Haben Sie tausend Dank für Ihr Andenken an mich. Ich habe

Ihnen nicht gleich geantwortet, und der Himmel weiß, wie es bei mir gestanden hat! Sie sind, und müssen der erste sein, dem ich es gestehe. Ich habe vorigen Sommer, bald nach Ihrem letzten Brief, den größten Verlust erlitten, den ich in meinem Leben erlitten habe. Was ich Ihnen sage, muß kein Mensch erfahren. Ich lernte im Jahre 1777 (die sieben taugen wahrlich nicht) ein Mädchen kennen, eine Bürgerstochter aus hiesiger Stadt, sie war damals etwas über dreizehn Jahre alt; ein solches Muster von Schönheit und Sanftmut hatte ich in meinem Leben noch nicht gesehen, ob ich gleich viel gesehen habe. Das erste Mal, da ich sie sah, befand sie sich in einer Gesellschaft von fünf bis sechs andern, die, wie die Kinder hier tun, auf dem Wall den Vorbeigehenden Blumen verkaufen. Sie bot mir einen Strauß an, den ich kaufte. Ich hatte drei Engländer bei mir, die bei mir aßen und wohnten. God almighty, sagte der eine, what a handsome girl this is. Ich hatte das ebenfalls bemerkt, und da ich wußte, was für ein Sodom unser Nest ist, so dachte ich ernstlich, dieses vortreffliche Geschöpf von einem solchen Handel abzuziehen. Ich sprach sie endlich allein, und bat sie, mich im Hause zu besuchen; sie ginge keinem Burschen auf die Stube, sagte sie. Wie sie aber hörte, daß ich ein Professor wäre, kam sie an einem Nachmittage mit ihrer Mutter zu mir. Mit einem Wort, sie gab den Blumenhandel auf, und war den ganzen Tag bei mir. Hier fand ich, daß in dem vortrefflichen Leib eine Seele wohnte, grade so wie ich sie längst gesucht, aber nie gefunden hatte. Ich unterrichtete sie im Schreiben und Rechnen, und in anderen Kenntnissen, die, ohne eine empfindsame Geckin aus ihr zu machen, ihren Verstand immer mehr entwickelten. Mein physikalischer Apparat, der mich über 1500 Taler kostete, reizte sie anfangs durch seinen Glanz und endlich wurde der Gebrauch davon ihre einzige Unterhaltung. Nun war unsere Bekanntschaft aufs Höchste gestiegen. Sie ging spät weg, und kam mit dem Tage wieder, und den ganzen Tag über war ihre Sorge, meine Sachen, von der Halsbinde an bis zur Luftpumpe in Ordnung zu halten, und das mit einer so himmlischen Sanftmut, deren Möglichkeit ich mir vorher nicht gedacht hatte. Die Folge war, was Sie schon mutmaßen werden, sie blieb von Ostern 1780 an ganz bei mir. Ihre Neigung zu dieser Lebensart war so unbändig, daß sie nicht einmal die Treppe hinunterkam, als wenn sie in die Kirche und zum Abendmahl ging. Sie war nicht wegzubringen. Wir waren bestän-

dig beisammen. Wenn sie in der Kirche war, so war es mir als hätte ich meine Augen und alle meine Sinnen weggeschickt. – Mit einem Wort – sie war ohne priesterliche Einsegnung (verzeihen Sie mir, bester, liebster Mann, diesen Ausdruck) meine Frau. Indessen konnte ich diesen Engel, der eine solche Verbindung eingegangen war, nicht ohne die größte Rührung ansehen. Daß sie mir alles aufgeopfert hatte, ohne vielleicht ganz die Wichtigkeit davon zu fühlen, war mir unerträglich. Ich nahm sie also mit an Tisch, wenn Freunde *bei mir speisten, und gab ihr durchaus die Kleidung, die ihre Lage erforderte, und liebte sie mit jedem Tage mehr. Meine ernstliche Absicht war, mich mit ihr auch vor der Welt zu verbinden, woran sie nun nach und nach mich zuweilen zu erinnern anfing. O du großer Gott! und dieses himmlische Mädchen ist mir am 4ten August 1782 abends mit Sonnen-Untergang* gestorben. *Ich hatte die besten Ärzte, alles, alles in der Welt ist getan worden. Bedenken Sie, liebster Mann, und erlauben Sie mir, daß ich hier schließe. Es ist mir unmöglich fortzufahren.*

G. C. Lichtenberg.

Man muß, um sich recht in den Geist des folgenden Briefes zu versetzen, nicht nur die ganze Dürftigkeit eines mit wenig mehr als seinen Schulden und vier Kindern ausgestatteten Pastorenhaushalts im Baltischen vor Augen haben, sondern auch das Haus, in das er gerichtet war: Immanuel Kants Haus am Schloßgraben. Da fand niemand »tapezierte oder herrlich gemalte Zimmer, Gemäldesammlungen, Kupferstiche, reichliches Hausgerät, splendide oder einigen Wert nur habende Meublen, – nicht einmal eine Bibliothek, die doch bei mehreren auch weiter nichts als Zimmermeublierung ist; ferner wird darin nicht an geldsplitternde Lustreisen, Spazierfahrten, auch in spätern Jahren an keine Art von Spielen usf. gedacht.« Trat man hinein, »so herrschte eine friedliche Stille ... Stieg man die Treppe hinauf, so ... ging man links durch das ganz einfache, unverzierte, zum Teil räuchrige Vorhaus in ein größeres Zimmer, das die Putz-Stube vorstellte, aber keine Pracht zeigte. Ein Sofa, etliche mit Leinwand überzogene Stühle, ein Glasschrank mit einigem Porzellan, ein Bureau, das sein Silber und vorrätiges Geld befaßte, nebst einem Wärmemesser und einer Konsole ... waren alle die Meublen, die einen Teil der weißen Wände deckten. Und so drang man durch eine ganz einfache, armselige Tür in das ebenso ärmliche Sans-Souci, zu dessen Betretung man beim Anpochen durch ein frohes ›Herein!‹ eingeladen wurde.« So vielleicht auch der junge Studiosus, der dies Schreiben nach Königsberg brachte. Kein Zweifel, daß es wahre Humanität atmet. Wie alles Vollkommene aber sagt es zugleich etwas über die Bedingungen und die Grenzen dessen, dem es derart vollendeten Ausdruck gibt. Bedingungen und Grenzen der Humanität? Gewiß, und es scheint, daß sie von uns aus ebenso deutlich gesichtet werden, wie sie auf der andern Seite vom mittelalterlichen Daseinsstande sich abheben. Wenn das Mittelalter den Menschen in das Zentrum des Kosmos stellte, so ist er uns in Stellung und Bestand gleich problematisch, durch neue Forschungsmittel und Erkenntnisse von innen her gesprengt, mit tausend Elementen, tausenden Gesetzlichkeiten der Natur verhaftet, von welcher gleichfalls unser Bild im radikalsten Wandel sich befindet. Und nun blicken wir zurück in die Aufklärung, der die Naturgesetze noch an keiner Stelle im Widerspruch zu einer faßlichen Ordnung der Natur gestanden haben, die diese Ordnung im Sinne eines Reglements verstand, die Untertanen in Kasten, die Wissenschaften in Fächern, die Habseligkeiten in Kästchen aufmarschieren ließ, den Menschen aber als homo sapiens zu den Kreaturen stellte, um durch die Gabe der Vernunft allein von ihnen ihn abzuheben. Derart war die Borniertheit, an welcher die Humanität ihre erhabene Funktion entfaltet und ohne die sie zu schrumpfen verurteilt war. Wenn dieses Aufeinanderangewiesensein des kargen eingeschränkten Daseins und der wahren Humanität nirgends eindeutiger zum Vorschein kommt als bei Kant (welcher die strenge Mitte zwischen dem Schulmeister und dem Volkstribunen markiert), so zeigt dieser Brief des Bruders, wie tief das Lebensgefühl, das in den Schriften des Philosophen zum Bewußtsein kam, im Volke verwurzelt war. Kurz, wo von Humanität die Rede ist, da soll die Enge der Bürgerstube nicht vergessen werden, in die die Aufklärung ihren Schein warf. Zugleich sind damit die tieferen gesellschaftlichen Bedingungen ausgesprochen, auf denen Kants Verhältnis zu seinen Geschwistern beruhte: der Fürsorge, die er ihnen angedeihen ließ und vor allem des erstaunlichen Freimuts, mit dem er über seine Absichten als Testator und die sonstigen Unterstützungen sich vernehmen ließ, die er schon bei Lebzeiten ihnen zuwandte, so daß er keinen, weder von seinen Geschwistern »noch ihren zahlreichen Kindern, deren ein Teil schon wieder Kinder hat, habe Not leiden lassen«. Und so, setzt er hinzu, werde er fortfahren, bis sein Platz in der Welt auch vakant werde, da dann hoffentlich etwas auch für seine Verwandten und Geschwister übrig bleiben werde, was nicht unbeträchtlich sein dürfte. Begreiflich, daß die Neffen und Nichten, wie in diesem Schreiben auch später an den verehrten Onkel sich »schriftlich ... anschmiegen«. Zwar ist ihr Vater schon im Jahre 1800, vor dem Philosophen, gestorben, Kant aber hat ihnen hinterlassen, was ursprünglich seinem Bruder zugedacht war.

Johann Heinrich Kant an Immanuel Kant

Altrahden, 21. Aug. 1789.

Mein liebster Bruder!
Es wird wohl nicht unrecht sein, daß wir nach einer Reihe von Jahren, die ganz ohne allen Briefwechsel unter uns verlebt

worden, einander wieder nähern. Wir sind beide alt, wie bald geht einer von uns in die Ewigkeit hinüber; billig also, daß wir beide einmal das Andenken der hinter uns liegenden Jahre wieder erneuern; mit dem Vorbehalt, in der Zukunft dann und wann (möge es auch selten geschehen, wenn nur nicht Jahre oder gar mehr als lustra darüber verfließen) uns zu melden, wie wir leben, quomodo valemus.

Seit acht Jahren, da ich das Schuljoch abwarf, lebe ich noch immer als Volkslehrer einer Bauerngemeinde auf meinem Altrahdenschen Pastorate, und ich nähre mich und meine ehrliche Familie frugalement und genügsam von meinem Acker:

Rusticus abnormis sapiens crassaque Minerva.

Mit meiner guten und würdigen Gattin führe ich eine glückliche liebreiche Ehe und freue mich, daß meine vier wohlgebildeten, gutartigen, folgsamen Kinder mir die beinahe untrügliche Erwartung gewähren, daß sie einst brave, rechtschaffene Menschen sein werden. Es wird mir nicht sauer, bei meinen wirklich schweren Amtsgeschäften doch ganz allein ihr Lehrer zu sein, und dieses Erziehungsgeschäft unserer lieben Kinder ersetzt mir und meiner Gattin hier in der Einsamkeit den Mangel des gesellschaftlichen Umganges. Dieses ist nun die Skizze meines immer einförmigen Lebens.

Wohlan liebster Bruder! So lakonisch als Du nur immer willst (ne in publica Commoda pecces, als Gelehrter und Schriftsteller), laß es mir doch wissen, wie Dein Gesundheitszustand bisher gewesen, wie er gegenwärtig ist, was Du als Gelehrter zur Aufklärung der Welt und Nachwelt noch in Petto habest. Und dann, wie es meinen noch lebenden lieben Schwestern und den Ihrigen, wie es dem einzigen Sohne meines seligen verehrungswürdigen väterlichen Onkels Richter gehe. Gerne bezahle ich Postgeld für Deinen Brief und sollte er auch nur eine Oktavseite einnehmen. Doch Watson ist in Königsberg, der Dich gewiß besucht haben wird. Er wird ohnfehlbar bald wieder nach Kurland zurückkommen. Der könnte mir ja einen Brief von Dir, den ich so sehnlich wünsche, mitbringen.

Der junge Mensch, der Dir diesen Brief einhändigt, namens Labowsky, ist der Sohn eines würdigen, rechtschaffenen polnischen reformierten Predigers des radcziwilschen Städtchens Birsen; er geht nach Frankfurt an der Oder, daselbst als Stipendiat zu studieren. Ohe! jam satis est! Gott erhalte Dich noch lange und gewähre mir bald von Deiner Hand die angenehme Nachricht, daß Du gesund und zufrieden lebest. Mit dem redlichsten Herz und nicht perfunctorie zeichne ich mich Deinen Dich aufrichtig liebenden

Bruder

Johann Heinrich Kant.

Meine liebe Gattin umarmt Dich schwesterlich und dankt nochmals herzlich für die Hausmutter, die Du ihr vor einigen Jahren überschicktest. Hier kommen nun meine lieben Kinder und wollen sich durchaus in diesem Briefe à la file hinstellen.

(Von der ältesten Tochter Hand:)

Ja, verehrungswürdiger Herr Onkel, ja, geliebte Tanten,[1] *wir wollen durchaus, daß Sie unser Dasein wissen, uns lieben und nicht vergessen sollen. Wir werden Sie von Herzen lieben und verehren, wir alle, die wir uns eigenhändig unterzeichnen.*

Amalia Charlotta Kant.
Minna Kant.
Friedrich Wilhelm Kant.
Henriette Kant.

1 Gemeint sind die beiden in Königsberg lebenden Schwestern der Brüder Kant.

Als 1792 die Franzosen in Mainz einrückten, war Georg Forster dort kurfürstlicher Bibliothekar. Er stand in den Dreißigern. Ein reiches Leben lag hinter ihm, das ihn als Jüngling schon, in der Gefolgschaft seines Vaters, an einer Weltumseglung – der Cookschen, 1772–1775 – hatte teilnehmen, aber auch schon als Jüngling – mit Übersetzungs- und Gelegenheitsarbeiten – die Härte des Daseinskampfes hatte spüren lassen. Das Elend der deutschen Intellektuellen seiner Zeit hat Forster dann in langen Wanderjahren so gut kennen gelernt wie ein Bürger, Hölderlin oder Lenz; es war aber seine Misere nicht die des Hofmeisters in irgend einer kleinen Residenz, sondern ihr Schauplatz war Europa, und darum war er fast als einziger Deutscher vorbestimmt, die europäische Erwiderung auf die Zustände, welche sie veranlaßten, von Grund auf zu verstehen. 1793 ging er als Delegierter der Stadt Mainz nach Paris und ist, nachdem die Deutschen durch die Rückeroberung der Stadt und seine Ächtung die Heimkehr ihm verlegt hatten, dort bis zu seinem Tode, im Januar 1794, geblieben. Hin und wieder hat man Stellen aus seinen Pariser Briefen herausgegeben. Aber damit war wenig getan. Denn sie sind ein Ganzes, nicht nur als Folge, die in der deutschen Briefliteratur kaum ihresgleichen hat, sondern beinahe jeder einzelne ist es, von der Anrede bis zur Signatur unerschöpflich an Ergießungen, welche aus einer bis zum Lebensrande vollen Erfahrung kommen. Was revolutionäre Freiheit und wie sehr auf Entbehrung angewiesen sie ist, hat damals schwerlich einer wie Forster begriffen, niemand wie er formuliert: »Ich habe keine Heimat, kein Vaterland, keine Befreundeten mehr, alles, was sonst an mir hing, hat mich verlassen, um andere Verbindungen einzugehen, und wenn ich an das Vergangene denke und mich noch für gebunden halte, so ist das bloß meine Wahl und meine Vorstellungsart, kein Zwang der Verhältnisse. Gute, glückliche Wendungen meines Schicksals können mir viel geben; schlimme können mir nichts nehmen, als noch das Vergnügen, diese Briefe zu schreiben, wenn ich das Porto nicht mehr bezahlen kann.«

Georg Forster an seine Frau

Paris, den 8. April 1793.

Ich warte keine neuen Briefe von Dir ab, meine Gute, um Dir zu schreiben. Wüßte ich nur, daß Du beruhigt wärst. Ich bin bei allem, was mir widerfahren kann, vollkommen ruhig und gefaßt. Erstlich ist, weil Mainz blockiert ist, darum noch nicht alles verloren; allein wenn ich auch nie mehr ein Blatt Papier wiedersehen sollte von allem, was ich dort habe, so soll mich's nicht anfechten. Der erste schmerzliche Eindruck dieses Verlustes ist vorbei, ich denke nicht mehr daran, nachdem ich durch Custine Maßregeln getroffen habe, um womöglich zu retten, was zu retten ist. Bleibe ich nur mir selbst, so will ich schon für Euch so arbeiten, daß bald alles nachgeholt sein soll. Mein bißchen Eigentum ging doch nicht viel über dreihundert Carolin an Wert, denn was ich an Papieren, Zeichnungen und Büchern verlor, will ich gar nicht rechnen. Ich bin hier auf dem Fleck der Erde, wo man mit etwas gutem Willen zur Arbeit und etwas Fähigkeit um Brot nicht bange sein darf. Meine zwei Mitdeputierten sind schon übler daran; indessen bekommen wir doch Diätengelder, bis auf andere Art für uns gesorgt ist. Längst schon suche ich mir anzugewöhnen, au jour la journée zu leben, und nicht mehr mit sanguinischen Hoffnungen schwanger zu gehen; ich finde das philosophisch wahr und mache Progressen darin. Ich glaube auch, wenn man dabei nichts versäumt, was zu unserm Fortkommen und zur Sicherstellung unserer Lage gehört, so ist es das einzige, was uns immer gut gelaunt und unabhängig erhalten kann.

Aus der Ferne sieht alles anders aus, als man's in der näheren Besichtigung findet. Dieser Gemeinspruch drängt sich mir hier sehr auf. Ich hänge noch fest an meinen Grundsätzen, allein ich finde die wenigsten Menschen ihnen getreu. Alles ist blinde, leidenschaftliche Wut, rasender Parteigeist und schnelles Aufbrausen, das nie zu vernünftigen, ruhigen Resultaten gelangt. Auf der einen Seite finde ich Einsicht und Talente, ohne Mut und ohne Kraft; auf der andern eine physische Energie, die, von Unwissenheit geleitet, nur da Gutes wirkt, wo der Knoten wirklich zerhauen werden muß. Oft sollte man ihn aber lösen und zerhaut ihn doch. Es steht jetzt alles auf der Spitze. Freilich glaube ich

nicht, daß die Feinde reussieren werden; aber die Nation wird endlich auch müde werden, immer ganz aufstehen zu müssen. Es kommt also darauf an, wer am längsten aushält. Die Idee, daß die Eigenmacht in Europa vollends unerträglich werden muß, wenn Frankreich jetzt seine Absicht nicht durchsetzt, empört mich immer so sehr, daß ich sie mir von allem Glauben an Tugend, Recht und Gerechtigkeit nicht abgesondert denken kann, und lieber an diesen allen verzweifeln, als jene Hoffnung vereitelt sehen möchte. Der ruhigen Köpfe hier sind wenige oder sie verstecken sich; die Nation ist, was sie immer war, leichtsinnig und unbeständig, ohne Festigkeit, ohne Wärme, ohne Liebe, ohne Wahrheit – lauter Kopf und Phantasie, kein Herz und keine Empfindung. Mit dem allen richtet sie große Dinge aus, denn gerade dieses kalte Fieber gibt ihnen (den Franzosen) ewige Unruhe und den Schein von allen edeln Anregungen, wo doch nur Enthusiasmus der Ideen, nicht Gefühl der Sache vorhanden ist.
Ich bin noch in keinem Schauspiel gewesen, denn ich gehe so spät zu Tisch, daß ich selten dazu kommen kann; auch interessiert es mich wenig und die bisherigen Stücke haben mich nicht gereizt. Vielleicht bleibe ich noch eine Zeitlang hier, vielleicht setzt man mich auf einem Büro in Arbeit, vielleicht verschickt man mich; ich bin auf alles gefaßt, zu allem bereit. Das ist der Vorteil meiner Lage, wo man an nichts mehr gebunden ist und auf nichts mehr in der Welt als seine sechs Hemden acht zu geben hat. Mir bleibt nur die einzige Unannehmlichkeit, daß ich auf das Schicksal muß alles ankommen lassen, und das tue ich gern, denn im Grunde steht man sich bei diesem Vertrauen doch nicht übel. Ich sehe wieder das erste Grün der Bäume mit Vergnügen; es ist mir weit rührender als das Weiß der Blüten.

Wir besitzen von Samuel Collenbusch ein Miniaturporträt aus dem Jahre 1798. Ein schmächtiger Mann mittlerer Größe, ein Sammetkäppchen auf den weißen Locken, bartlos, eine Adlernase, ein freundlicher offener Mund und ein energisches Kinn, im Antlitz Spuren ehemals überstandener Pocken, die Augen getrübt durch den grauen Star – so sah dieser Mann fünf Jahre vor seinem Tode aus. Er lebte anfangs in Duisburg, später in Barmen und zuletzt in Gemarke, von wo auch der folgende Brief datiert ist. Von Beruf Arzt, nicht Pastor, war er der bedeutendste Führer des Pietismus im Wuppertal. Sein geistiger Einfluß wirkte sich in mündlicher Aussprache, daneben aber in einem umfangreichen Briefwechsel aus, dessen meisterhafter Stil von einer Fülle schrulliger Einzelheiten durchwoben ist. So verbindet er z. B. genau wie in seinen Sprüchen, die in der Gemeinde die Runde machten, auch in den Briefen gewisse Worte, die innerhalb ihres Zusammenhangs unterstrichen sind, mit andern, ebenfalls unterstrichenen, durch besondere Linienzüge, ohne daß beide Worte das mindeste mit einander zu tun hätten. Man hat von Collenbusch sieben Briefe an Kant, von denen aber nur die wenigsten abgeschickt sein dürften. Der folgende ist der erste der Reihe und hat Kant erreicht, ist aber von ihm, soviel man weiß, nicht beantwortet worden. Im übrigen waren beide Männer Altersgenossen im genauen Sinne. Geboren sind sie 1724. Collenbusch ist ein Jahr vor Kant, 1803, gestorben.

Samuel Collenbusch an Immanuel Kant

Mein lieber Herr Professor! *23. Januar 1795.*

Die Hoffnung erfreut das Herz.
Ich verkaufe meine Hoffnung nicht für tausend Tonnen Goldes.
Mein Glaube hofft erstaunlich viel Gutes von Gott.
Ich bin ein alter, siebzigjähriger Mann, ich bin beinahe blind, als Arzt urteile ich, daß ich in kurzer Zeit völlig blind sein werde.
Ich bin auch nicht reich, aber meine Hoffnung ist so groß, daß ich mit keinem Kaiser tauschen mag.
Diese Hoffnung erfreut mein Herz!
Ich habe mir diesen Sommer Ihre Moral und Religion ein paar-

mal vorlesen lassen, ich kann mich nicht überreden, daß es Ihnen ein Ernst sein sollte, was Sie da geschrieben haben. Ein von aller Hoffnung ganz reiner Glaube und eine von aller Liebe ganz reine Moral, das ist eine seltsame Erscheinung in der Republik der Gelehrten.

Der Endzweck, so etwas zu schreiben, ist vielleicht eine Lust, sich zu ergötzen über die Inklination solcher Menschen, welche die Gewohnheit haben, sich über alles zu verwundern, was seltsam ist. Ich halte es mit einem hoffnungsreichen Glauben, der durch die sich selbst und den Nächsten bessernde Liebe tätig ist.

Im Christentum gelten keine Statuten, keine Beschneidung noch Vorhaut etwas, Gal. 5, keine Möncherei, keine Messen, keine Wallfahrten, kein Fischessen usw. Ich glaube, was Johannes schreibt, Joh. 4, 16: Gott ist die Liebe, und wer in der Liebe bleibet, der bleibet in Gott, und Gott in ihm.

Gott ist die seine vernünftige Kreaturen bessernde Liebe, wer in diesem Glauben an Gott und den Nächsten bessernde Liebe bleibet, der wird es von Gott in dieser Welt mit geistlichem Segen, Eph. 1, 3, 4, und in der zukünftigen Welt mit persönlicher Herrlichkeit und einem reichen Erbe wohl belohnt werden. Diesen hoffnungsreichen Glauben kann meine Vernunft und mein Wille unmöglich vertauschen mit einem von aller Hoffnung ganz reinen Glauben.

Es tut mir leid, daß I. Kant nichts Gutes von Gott hofft, weder in dieser noch in der zukünftigen Welt, ich hoffe viel Gutes von Gott. Ich wünsche Ihnen eine gleiche Gesinnung und verharre mit Hochachtung und Liebe zu sein

Ihr Freund und Diener
Samuel Collenbusch.

Gemarke, den 23. Jan. 1795.

Nachschrift:

Die Heilige Schrift ist ein stufenweiser, aufsteigender, mit sich selbst übereinstimmender, zusammenhängender, vollständiger Plan der seine Kreaturen bessernden Liebe. Z. E.: Die Auferstehung der Toten halte ich für eine Ausübung der seine Kreaturen bessernden Liebe Gottes.

Ich freue mich darauf.

Nach einer mündlichen Überlieferung soll Pestalozzi den Wunsch ausgesprochen haben, auf sein Grab solle kein anderes Denkmal gesetzt werden als ein rauher Feldstein; er sei auch nur ein rauher Feldstein gewesen. Die Natur wollte Pestalozzi weniger veredeln als – wie diesem Feldstein – im Namen des Menschen ihr Halt gebieten. Und das ist auch der eigentliche Inhalt des folgenden Briefes: der Leidenschaft im Namen des Menschen Halt zu gebieten. Wie scheinbar ganz spontane Meisterleistungen so oft – und zu den meisterlichen Liebesbriefen des deutschen Schrifttums gehört der folgende – ist auch diese die Auseinandersetzung mit einem Vorbild. Vorbildlich aber sind für Pestalozzi die halb vom Pietismus begeisteten, halb schäferlich angehauchten Konfessionen der schönen Seelen und Kinder des Rokoko. Es sind im Doppelsinn des Wortes pastorale Briefe, mit denen er hier wetteifert, freilich nicht ohne gegen den klassischen Briefsteller dieses Genres, die »Nouvelle Héloise« von Rousseau, die sechs Jahre vor Abfassung dieses Schreibens erschienen war, sich abzugrenzen. »Die Erscheinung Rousseaus«, heißt es noch 1826 in der Autobiographie, »war ein vorzügliches Belebungsmittel der Verirrungen, zu denen der edle Aufflug treuer, vaterländischer Gesinnung unsere vorzügliche Jugend in diesem Zeitpunkt hinführte.« Neben dem Stilproblem aber, das durch die Wendung gegen den »gefährlichen Irrlehrer« bewältigt wird, ist das private nicht zu übersehen, das hier die Liebesstrategie zu lösen hat. Es handelt sich um die Gewinnung des »Du«. Der dient die Idealgestalt der schäferlichen Doris, die in der zweiten Hälfte des Schreibens auftritt. Sie muß die Stelle der Adressatin für die Zeit einnehmen, da Pestalozzi zum ersten Male das Du gebraucht. Soviel von der Faktur dieses Briefes. Wer aber wird darüber übersehen, daß hier Sätze über die Liebe sich finden – und allen voran der über ihren Sitz –, die es an Dauerhaftigkeit mit den Worten Homers aufnehmen können. Einfache Worte kommen nun nicht immer, wie man gern glaubt, aus einfachem Gemüt – Pestalozzis war es weniger als jedes andere – bilden sich vielmehr geschichtlich. Denn so wie nur das Einfache Aussicht zu dauern hat, ist umgekehrt die höchste Simplizität nur das Produkt von eben dieser Dauer, an der auch Pestalozzis Schriften teilhaben. »Je mehr die Zeit vorschreitet«, hat daher mit Recht der Herausgeber seiner »Sämtlichen Werke« gesagt, »desto wichtiger werden alle Schriften Pestalozzis.« Als erster hat er die Erziehung dem gesellschaftlichen Zustande nicht nur durch Religion und Moralität, sondern zumal durch wirtschaftliche Überlegungen zugeeignet. Auch hier ist er seiner von Rousseau beherrschten Epoche weit vorausgeeilt; denn wenn Rousseau die Natur als das Höchste preist und lehrt, durch sie aufs Neue die Gesellschaft einzurichten, so schreibt ihr Pestalozzi Selbstsucht zu, die die Gesellschaft zugrunde richtet. Unvergleichlicher aber als in seinen Lehren ist Pestalozzi durch die immer neuen Einsatzstellen, die er im Denken und im Handeln für sie entdeckte. Die Unerschöpflichkeit des Urgrunds, aus welchem seine Worte unberechenbar mit immer wieder neuen Stößen brechen, gibt dem Bilde, in dem sein erster Biograph seiner gedacht hat, den tiefsinnigsten Bezug: »Vulkanen ähnlich leuchtete er in die Ferne und erregte die Aufmerksamkeit der Neugierigen, das Staunen der Bewunderer, den Forschungsgeist der Beobachter und die Teilnahme der Menschenfreunde mehrerer Erdteile.« Das war Pestalozzi: Vulkan und Feldstein.

Heinrich Pestalozzi an Anna Schulthess

Wenn ein heiliger Mönch in dem frommen Stuhl der römischen Kirche einem Mädchen seine Hand bietet, ohne sie mit dem rauhen Tuche seiner Kutte zu bedecken, so muß er Buße tun, und wenn ein Jüngling einem Mädchen von einem Kuß redet, ohne ihn zu geben und zu empfangen, so muß er billig Buße tun. Darum tue auch ich Buße, daß mein Mädchen nicht zürne. Denn ein Mädchen zürnet zwar nicht, wenn es sieht, daß ein Jüngling der's wert ist, glaubt, daß sie ihn liebe, aber wenn ein Jüngling von einem Kuß nur redet, so zürnet ein Mädchen gewiß, denn man küßt ja nicht einen jeden, den man liebt und die Küsse der Mädchen sind ja nur auf den Mund ihrer Freundinnen bestimmt. Darum ist es eine große, schwere Sünde, wenn ein Jüngling ein Mädchen zu einem Kuß zu verführen sucht. Am allermeisten ist die Sünde groß, wenn er ein einziges Mädchen und noch gar das Mädchen, das er liebt, dazu zu verführen sucht.

Ein Jüngling soll auch ein Mädchen, das er liebt, niemals allein zu sehen wünschen. Der Sitz einer reinen, unschuldigen Liebe sind geräuschvolle Gesellschaften und unsichere Stadtzimmer und das war in allem ein gefährlicher Irrlehrer, der »Hütten« für einen séjour des amants hielt, denn um Hütten herum sind einsame Wege und Wald und Flur und Wiesen und schattige Bäume und Seen. Die Luft ist da so rein und atmet Freude und Wonne und Heiterkeit: wie sollte wohl da ein Mädchen den bösen Küssen seines Geliebten widerstehen können? Nein, der Ort, wo ein bescheidener Jüngling seine Geliebte zu sehen wünscht, ist mitten in der Stadt. Am heißen Sommerabend wartet er seiner Geliebten gerade unter den glühenden Dachziegeln in einem dunstvollen Zimmer, wo gegen das Lispeln des Zephyrs Bollwerke von Mauern getürmt sind. Hitze und Dampf und Gesellschaft und Furcht erhalten den Jüngling in ehrbarer, sittsamer Stille und oft erfolgt da ein Beweis der allergrößten Tugend, einer auf dem Lande unerhörten Tugend: daß den Jüngling in Gegenwart seiner Geliebten anfängt zu schläfern.

Darum sollte ich Buße tun, denn ich habe einsame Spaziergänge und Küsse gewünscht; aber ich bin ein ruchloser Sünder und mein Mädchen weiß es, es würde meine Buße nur eine heuchlerische Buße heißen und vielleicht doch eine andere nicht wünschen. Darum will ich nicht Buße tun und wenn Doris zürnt, will ich auch zürnen und ihr dann sagen:

»Was hab' ich getan? Du hast mir den Brief ja genommen und ohne Erlaubnis gelesen, er war nicht Dein. Darf ich nicht schreiben für mich, auch schreiben und von Küssen träumen, wie ich will? Du weißt ja, daß ich keine gebe, daß ich keine stehle; Du weißt ja, daß ich nicht kühn bin; nur meine Feder ist kühn. Wenn Deine Feder mit meiner Feder Streit hat, so lasse sie schreiben und mit papiernen Vorwürfen meine Papierkühnheit strafen. Uns aber geht der ganze Streit nichts an. Laß Deine Feder, wenn Du willst, über meine Feder zürnen. Dein Gesicht aber zwinge nicht mehr in zürnende Falten und laß mich nicht mehr wie heut von Dir weg.«

Ich habe die Ehre, mich Ihnen gehorsamst anstandshalber zu empfehlen und zeitlebens zu sein

dero gehorsamster Diener

H. P.

Unbestechlicher Blick und revolutionäres Bewußtsein haben von jeher vor dem Forum der deutschen Literaturgeschichte einer Entschuldigung bedurft: der Jugend oder des Genius. Geister, die keins von beiden aufzuweisen hatten – männliche und im strengen Sinne prosaische, wie Forster oder wie Seume es waren – haben es nie zu mehr als einem schemenhaften Dasein in der Vorhölle allgemeiner Bildung gebracht. Daß Seume kein großer Dichter war, ist gewiß. Aber nicht das unterscheidet ihn von vielen andern, die an sichtbaren Stellen in der Geschichte der deutschen Literatur geführt werden, sondern die untadlige Haltung in allen Krisen und die Unbeirrbarkeit, mit der er – da er nun einmal von hessischen Werbern unter das Militär war verschleppt worden – in seiner Lebensführung jederzeit den wehrhaften Bürger darstellt, lange nachdem er den Offiziersrock abgelegt hatte. Was das achtzehnte Jahrhundert unter dem »ehrlichen Mann« verstanden hat, das kann man an Seume gewiß so gut wie an Tellheim ablesen. Nur daß Seume die Ehre des Offiziers nicht so weit ab von der des Räubers, wie seine Zeitgenossen ihn in Rinaldo Rinaldini verehrten, gelegen hat, so daß er auf dem Spaziergang nach Syrakus gestehen kann: »Freund, wenn ich ein Neapolitaner wäre, ich wäre in Versuchung, aus ergrimmter Ehrlichkeit ein Bandit zu werden und mit dem Minister anzufangen.« Auf diesem Spaziergang hat er die Nachwirkungen der unglücklichen Beziehung zu der einzigen Frau überwunden, der er näher, nicht einmal nahe getreten ist und die an seine Stelle auf verletzende Weise den Mann berief, an welchen der folgende Brief gerichtet ist. Wie diese Überwindung sich vollzog, erzählt er gelegentlich der Beschreibung seines Aufstiegs auf den Pellegrino in der Nähe Palermos. Im Ausschreiten zog er, seinen Betrachtungen folgend, ein Amulett mit dem Bild der Frau hervor, von dem er sich durch all die Jahre nicht hatte trennen können. Wie er es aber zwischen den Fingern hielt, gewahrte er auf einmal, daß es zerbrochen war, und so warf er die Stücke samt der Fassung in den Abgrund hinunter. Das ist das Motiv des großartigen, wahrhaft taciteischen Epigraphs, das er an dieser Stelle seines Hauptwerks seiner Liebe errichtet hat: »Ehemals wäre ich ihrem Bildchen nachgesprungen; auch jetzt noch dem Original.«

Johann Gottfried Seume an den Gatten seiner früheren Verlobten

Mein Herr!
Wir kennen einander nicht; aber die Unterschrift wird Ihnen sagen, daß wir einander nicht ganz fremd sind. Meine ehemaligen Verhältnisse zu Ihrer Frau können, dürfen und müssen Ihnen nicht unbekannt sein. Sie würden vielleicht nicht übel getan haben, meine Bekanntschaft früher gemacht zu haben; ich störe Niemandes Glück. Ob Madam gegen mich ganz gut gehandelt hat, kann ich nicht entscheiden, eben so wenig als Sie; da wir Beide nicht gleichgültig sind. Ich vergebe ihr gern und wünsche ihr Glück; es war ja nie etwas Anderes der Wunsch meines Herzens. Einige meiner Freunde wollen mir Glück wünschen, daß die Sache so gekommen ist; sie überzeugen fast meinen Kopf; aber mein Herz blutet bei der Überzeugung. Da Sie mich nicht kennen, dürfen Sie über mich nicht urteilen. Ich bin weder Antinous noch Aesop, und Mademoiselle Röder muß doch vorzüglich den ehrlichen, guten Mann zu sehen geglaubt haben, als sie mir sehr teuere Versicherungen gab. Doch stille davon! Es geziemt mir nicht, mich zu rechtfertigen, und noch weniger, Andere anzuklagen. Was die Leidenschaft tat, hat – die Leidenschaft getan. Ich bin nicht Ihr Freund, das leiden die Verhältnisse nicht; da ich aber ein ehrlicher Mann bin, ist es für Sie so gut, als ob ich es wäre. Sie selbst, mein Herr, haben bei der Sache als ein junger, nicht ganz ernsthafter Mann gehandelt. Ich wünsche Ihnen Glück; Sie haben das nötig. Ihre Frau ist gut, ich habe sie tief beobachtet, und ich würde nicht im Stande gewesen sein, mein Herz an eine Unwürdige zu verlieren. Daß zwischen uns nichts Strafbares vorgefallen ist, dafür muß Ihnen mein Charakter und meine jetzige Handlungsweise bürgen. – Sie müssen ihr manchen Fehler vergeben und selbst keinen begehen. Es ist mir daran gelegen, daß Sie Beide glücklich sind; das wird Ihnen begreiflich sein, wenn Sie etwas vom Herzen des Menschen wissen und mich nicht für einen ganz gewöhnlichen Menschen halten. Ich werde höchst wahrscheinlich unterrichtet sein, wie Sie leben, so weit man im allgemeinen unterrichtet sein kann, denn ich bin in Berlin, wo ich oft war, nicht ganz Fremdling. Ich kann nun einmal nicht wieder gleichgültig werden, das

hätte Madam ehemals glauben und ihre Maßregeln zur Zeit nehmen sollen. Das Schrecklichste würde mir sein, wenn Sie je eine Ehe nach der Mode führen sollten. Ich bitte Sie bei Ihrem Glück und bei dem Rest von meiner Ruhe, noch mehr aber bei dem Glück der Person, die uns teuer sein muß, nie – nie leichtsinnig zu sein. Sie sind Mann; von Ihnen hängt Alles ab. Wenn Wilhelmine je von ihrem Charakter sinken könnte, ich würde den meinigen fürchterlich rächen. Verzeihen Sie und halten das nicht für Impertinenz. Sie müssen Zeiten und Menschen kennen. Furcht gibt Sicherheit. Ich werde mit meinem Willen Ihre Frau nie wieder sehen. Wenn Sie selbst Ihre Pflichten immer erfüllen, so führen Sie ihr immer in einer ernsthaften Stunde mein Andenken wieder zu. Es kann ihr heilsam werden und soll Ihnen nicht schaden. In meiner Seele kann in diesen Verhältnissen nur Liebe oder Verachtung wohnen; ich kenne mich; die erste kann nur mit dem Stufenjahre Freundschaft werden, und der Himmel bewahre Sie und mich vor der zweiten: ihr Vorbote würde schrecklich sein.

Ich kann aus der Seele des Weibes herauslesen, was Madam jetzt über mich oder auch wohl wider mich sagen wird, und ich wünsche aufrichtig, daß sie nie mit Reue an mich zu denken habe. Es ist Ihr eigenes Interesse, mein Herr, dafür mit beständiger Aufmerksamkeit zu sorgen.

Höchst wahrscheinlich kann ich Ihnen nie einen Dienst leisten, so wenig als Sie mir bei meiner Denkungsart. Sollten Sie aber je glauben, daß ich es könnte, so hätte ich in mir Ursache genug, es mit Vergnügen und Eifer zu tun. Ich erwarte weder Antwort noch Dank; sehen Sie nur das, was ich so kalt als möglich sagte, mit meiner Seele oder nur mit gehörigem Gleichmut an, und Sie werden alles sehr natürlich finden.

Ich versichere Sie herzlich meiner völligen Achtung, und es muß Ihnen daran gelegen sein, sie zu verdienen. Leben Sie wohl und glücklich! Auch dieser Wunsch geht ganz von Herzen, ob er gleich mit etwas mehr Wehmut geschieht, als der Mann fühlen sollte.

Grimma. *Seume.*

Unter den Hölderlin'schen Briefen aus dem Jahrhundertanfang gibt es kaum einen, der nicht Sätze enthielte, die hinter den bleibenden seiner Gedichte in nichts zurückstehen. Und doch ist nicht dieser anthologische Wert ihr höchster. Vielmehr ist es ihre einzigartige Transparenz, dank deren die schlichten hingebenden Briefe den Blick ins Innere von Hölderlins Werkstatt freigeben. Die »Dichterwerkstatt« – selten mehr als eine abgenutzte Metapher – hier kommt die Wendung zu ihrem Sinn, indem es für Hölderlin in jenen Jahren keine sprachliche Verrichtung, und sei es die alltägliche Korrespondenz, mehr gibt, der er nicht mit der meisterhaften, präzisen Technik seiner späten Dichtungen nachginge. Die Spannung, die so in seine Gelegenheitsschreiben kommt, rückt noch die unscheinbarsten Geschäftsbriefe, geschweige denn die Briefe an die Seinen, in die Nähe so ungewöhnlicher Dokumente, wie es die folgende Nachricht an Böhlendorf ist. Casimir Ulrich Böhlendorf (1775-1825) war Kurländer. »Wir haben *ein* Schicksal« hat ihm Hölderlin einmal geschrieben. Das Wort besteht, sofern es das Verhältnis betrifft, in das die äußere Welt zu einem enthusiastischen, verwundbaren Gemüt trat. So wenig im Dichterischen zwischen beiden auch nur die geringste Analogie obwaltet, – das Bild des unsteten, wandernden Hölderlin, das der folgende Brief bewahrt, taucht schmerzhaft vergröbert in dem Nachruf auf, den ein lettisches Zeitungsblatt Böhlendorf widmete: »Gott hatte ihm eine besonders gute Begabung mitgegeben. Aber er wurde geisteskrank, und da er überall fürchtete, daß die Menschen ihm seine Freiheit nehmen wollten, wanderte er mehr als zwanzig Jahre umher, viele Mal ganz Kurland und einige Mal auch Livland zu Fuß durchquerend. Der verehrte Leser ... wird ihn, mit dem Bündel mit Büchern auf der Landstraße wandernd, gesehen haben.« – Hölderlins Brief nun ist gänzlich auf jene Worte ausgerichtet, welche die späten Hymnen beherrschen: heimatliche und griechische Art, Erde und Himmel, Popularität und Zufriedenheit. Auf schroffen Höhen, wo der nackte Fels der Sprache schon überall an Tag tritt, sind sie, trigonometrischen Signalen gleich, »die höchste Art des Zeichens« und an ihnen vermißt der Dichter die Länder, welche »die Herzens- und Nahrungsnot« ihm eröffnete als Provinzen des griechischen. Nicht des blühenden idealen, sondern des verödeten wirklichen, dessen Leidensgemeinschaft mit dem abendländischen und vor allem dem deutschen Volkstum das

Geheimnis der historischen Wandlung, der Transsubstantiation des Griechentums ist, das von Hölderlins letzten Hymnen den Gegenstand bildet.

Friedrich Hölderlin an Casimir Böhlendorf

Nürtingen, den 2. Dezember 1802.

Mein Teurer!

Ich habe Dir lange nicht geschrieben, bin indes in Frankreich gewesen und habe die traurige einsame Erde gesehen; die Hütten des südlichen Frankreichs und einzelne Schönheiten, Männer und Frauen, die in der Angst des patriotischen Zweifels und des Hungers erwachsen sind. Das gewaltige Element, das Feuer des Himmels und die Stille der Menschen, ihr Leben in der Natur, und ihre Eingeschränktheit und Zufriedenheit, hat mich beständig ergriffen, und wie man Helden nachspricht, kann ich wohl sagen, daß mich Apollo geschlagen.

In den Gegenden, die an die Vendée grenzen, hat mich das Wilde, Kriegerische interessiert, das rein Männliche, dem das Lebenslicht unmittelbar wird in den Augen und Gliedern und das im Todesgefühle sich wie in einer Virtuosität fühlt, und seinen Durst zu wissen, erfüllt. Das Athletische der südlichen Menschen, in den Ruinen des antiken Geistes, machte mich mit dem eigentlichen Wesen der Griechen bekannter; ich lernte ihre Natur und ihre Weisheit kennen, ihren Körper, die Art, wie sie in ihrem Klima wuchsen, und die Regel, womit sie den übermütigen Genius vor des Elements Gewalt behüteten. Dies bestimmte ihre Popularität, ihre Art, fremde Naturen anzunehmen und sich ihnen mitzuteilen. Darum haben sie ihr eigentümlich Individuelles, das lebendig erscheint, sofern der höchste Verstand im griechischen Sinne Reflexionskraft ist, und dies wird uns begreiflich, wenn wir den heroischen Körper der Griechen begreifen; sie ist Zärtlichkeit, wie unsere Popularität.

Der Anblick der Antiken hat mir einen Eindruck gegeben, der mir nicht allein die Griechen verständlicher macht, sondern überhaupt das Höchste der Kunst, die auch in der höchsten Bewegung und Phänomenalisierung der Begriffe und alles ernstlich Gemeinten dennoch alles stehend und für sich selbst erhält, so daß die Sicherheit in diesem Sinne die höchste Art des Zeichens ist. Es war mir nötig, nach manchen Erschütterungen und Rührungen der Seele mich festzusetzen auf einige Zeit, und ich lebe indessen in meiner Vaterstadt.

Die heimatliche Natur ergreift mich umso mächtiger, je mehr ich sie studiere. Das Gewitter, nicht bloß in seiner höchsten Erscheinung, sondern in eben dieser Ansicht, als Macht und als Gestalt, in den übrigen Formen des Himmels, das Licht in seinem Wirken, nationell und als Prinzip und Schicksalsweise bildend, daß uns etwas heilig ist, sein Gang im Kommen und Gehen, das Charakteristische der Wälder und das Zusammentreffen in einer Gegend von verschiedenen Charakteren der Natur, daß alle heiligen Orte der Erde zusammen sind um einen Ort und das philosophische Licht um mein Fenster sind jetzt meine Freude; daß ich behalten möge, wie ich gekommen bin, bis hieher! Mein Lieber! ich denke, daß wir die Dichter bis auf unsere Zeit nicht kommentieren werden, sondern daß die Sangart überhaupt wird einen anderen Charakter nehmen, und daß wir darum nicht aufkommen, weil wir, seit den Griechen, wieder anfangen, vaterländisch und natürlich, eigentlich originell zu singen.

Schreibe doch nur mir bald. Ich brauche Deine reinen Töne. Die Psyche unter Freunden, das Entstehen des Gedankens im Gespräch und Brief ist Künstlern nötig. Sonst haben wir keinen für uns selbst, sondern er gehöret dem heiligen Bilde, das wir bilden. Lebe recht wohl!

Dein H.

Im Februar 1803 schrieb Brentano an Arnim von einem kleinen, etwas faden Brief der Mereau und seiner Antwort darauf aus vollem, wahrem Herzen: »Ohne Schonung für mich und sie, wie ein geistreicher Dritter, alles mit den scharfsinnigsten Nuancen ausgeführt, ihre Geschichte in dreierlei Gestalt, voll Mutwill, wahr bis zur Zote, Erklärung meines großen Lustens, sie zu beschlafen, Trauer über ihr Alter und ihre unendlich schlechten Verse, überhaupt der freiste, kühnste und glücklichste Brief, den ich je geschrieben, und der längste, er schloß mit einigen brünstigen Handwerksburschen-Liedern.« Und dann, vier Jahre später: »Sophie, die mehr zu leben verdiente als ich, die die Sonne liebte und Gott, ist schon lange tot. Blumen und Gras wachsen über ihr und dem Kinde, welches getötet durch sie sie tötete. Blumen und Gras sind sehr traurig für mich!« Dies Eintritts- und Ausgangspforte des kleinen Irrgartens von Clemens Brentanos Ehe mit dem Standbild des ersten Sohnes in seiner Mitte. Achim Ariel Tyll Brentano nannten die Eltern ihn – Namen, die keine Anweisung auf die irdische Existenz, sondern Flügel sind, auf denen das Neugeborene bald wieder heimkehrte. Als mit dem unglücklichen Erscheinen des zweiten Kindes nun das Ende gekommen war, schien mit dem Tode der Frau, an deren Seite Brentano das Leben gar nicht leicht ertragen hatte, alles über ihm zusammenzubrechen. Er sah sich grenzenlos vereinsamt, und die Wirren, in die das Land nach der Niederlage von Jena und Auerstedt verfiel, raubten ihm selbst den Vertrautesten: Arnim, der dem König nach Ostpreußen gefolgt war. Von da schrieb er, im Mai 1807, ein halbes Jahr nach Sophiens Tod, an Brentano: »Ich setze oft an, Dir so vieles zu schreiben, was ich auf dem Herzen habe. Aber die Idee, daß ich umsonst schreibe, daß meine Worte von Andern gelesen werden, verleidet es mir gleich. Es ist noch ein Umstand, der, mir zweifelhaft, wie ein schnellgeschwungenes scharfes Schwert alles zwischen uns bewegt. Es sollte mir wehe tun, wenn es wahr wäre, und ich Dir etwas trauriges zurückriefe. Der verstorbene brave Doktor Schlosser, der Jenenser, sagte mir etwas von dem Tode Deiner Frau, den er behauptete in einer Zeitung gelesen zu haben. Wir sind hier von allem abgeschnitten, ich möchte sagen, von der Zeit; doch hatte ich eine Zuversicht und behalte sie, Deine Frau müsse leben.« Aus diesen Worten ist zu entnehmen, daß die Bitte des ergreifenden Briefs, der hier folgt, umsonst war. Er ist, soviel sich nach genauen Ermittlungen feststellen ließ, ungedruckt und daher diplomatisch getreu wiedergegeben.

Clemens Brentano an den Buchhändler Reimer

Verehrter Herr!
Legen Sie diese Zeilen nicht bei Seite, erkundigen Sie sich und melden Sie mir, wo Ludwig Achim von Arnim ist, dessen Freundschaft für mich Ihnen bekannt ist, er ist mir außer Sophien, die ich auf eine so traurige Art nebst dem Kinde in schwerer Geburt verlor, immer alles gewesen, was ich liebte, seit dem 19. Oktober weiß ich nichts von ihm, und vom 19. Oktober selbst nur, daß er diesen Tag in Halle war, mein mit Schmerz ganz vergiſtetes Gemüth hat mit Ihm auch Alles aus dem Gesichte verlohren, waß ans Leben knüpfen könnte; Sie sind mir durch ihn selbst, als ein trefflicher Mann bekannt, und Sie sollen glauben, daß ich ganz unendlich unglücklich bin, ja so (im) Jammer, daß ich durch ihn durchwandlen kann, wie durch eine Hölle, die unendlich ist, und Sie sollen mir daher bald, gleich, oder nur sobald, als es ihre gute Gesinnung Sie zu thun zwingt, melden, wo Arnim wahrscheinlich ist, und ob man ihm schreiben kann, ob ihm jemand von Berlin schreibt, Sie können das gewiß erfahren, und es ist Ihnen dann so sehr leicht, mir durch eine Nachricht davon in wenigen Zeilen, wenigstens den Nahmen einer Stadt zu nennen, wohin ich denken kann, ach so wie mir jetzt ist, da ich schwebe mitten in tiefem Gram, ist es mir unendlich viel, in dieser Endlichkeit, nur zu wissen, ob jemand noch lebt, der mich liebte.
Wenn Sie mir schreiben, so melden Sie mir auch, wie viel Sie an Meine Frau für die Fiametta schon bezahlt haben, und waß Sie noch bekömmt, auch wenn Sie es gern *bezahlen, so will ich Ihnen zu jener Zeit melden, an wen Sie es in dortiger Gegend bezahlen können, dieses Geld gehört meiner kleinen Stieftochter, die hier bei Mad. Rudolphi erzogen wird, und ich muß daher es besorgen, dieses bloß zu bescheidener Erinnerung.*

Ihr ergebener
Clemens Brentano.

Heidelberg, 19. Dec. 1806.

»Ritter ist Ritter und wir sind nur Knappen. Selbst Baader ist nur sein Dichter«, schreibt Novalis am 20. Januar 1799 an Caroline Schlegel. Was Ritter und Novalis miteinander verband, ist von der Art, daß dies Wort mehr enthält als eine Rangbestimmung von Ritters Tätigkeit für die Romantisierung der Naturwissenschaften; es zielt zugleich auf die menschliche Haltung, die wohl bei keinem Romantiker vornehmer und gegenwartsfremder zugleich war. Im Grunde haben beide, menschlicher Rang und wissenschaftliche Haltung des Physikers, bei Ritter sich aufs innigste durchdrungen, wie es in dem Selbstzeugnis sich bekundet, in welchem er den greisen Herder zum Urahnen seiner Forschung gemacht hat: Herder, den man als Schriftsteller häufig habe treffen können, »besonders in der Woche; als Menschen aber, weit über alle seine Werke erhaben, habe man ihn Sonntags finden können, wo er, seinem Schöpfer folgend, ruhte und den Tag im Schoße seiner Familie verbrachte; nur ›Fremde‹ durften dann nicht bei ihm sein. Gleich herrlich und göttlich sei er erschienen, wenn er, was er sehr liebte, an einem schönen Sommertage eine ländliche Gegend, zum Beispiel das schöne Wäldchen an der Ilm zwischen Weimar und Belvedere, besuchte, wohin dann aber außer seiner Familie ihm nur folgen durfte, wen er ausdrücklich einlud. An solchen Tagen dann, den einen oder andern, sei er wirklich wie ein Gott erschienen, der von seinen Werken ruhe, nur doch als Mensch, die seinigen nicht, sondern die des Gottes selbst erhebend und preisend. Mit Recht dann habe über ihm der Himmel zum Dome sich gewölbt, und selbst des Zimmers starre Decke habe nachgegeben; aber der Priester darin sei nicht aus diesem Land noch dieser Zeit gewesen; Zoroasters Wort stand auf in ihm, und strömte Andacht, Leben, Friede und Freude in die ganze Umgebung; so ward in keiner Kirche Gott gedient, wie hier, – wo sich erwies, daß nicht das Volk, sondern der Priester, sie fülle. Hier – wiederholte N. unzählige Male – hier habe er gelernt, was die Natur, der Mensch in ihr, und eigentliche Physik, seien, und wie die letztere Religion unmittelbar.« Der N., von dem hier die Rede ist, ist Ritter selbst, wie er in seiner ebenso rückhaltlosen wie keuschen, schwerfälligen wie abgründigen Natur in der Vorrede der »Fragmente aus dem Nachlasse eines jungen Physikers« (Heidelberg 1810) sich dargestellt hat. Der unverwechselbare Ton dieses Mannes, der diese verschollene Vorrede zur bedeutendsten Bekenntnisprosa der deutschen Romantik macht, findet sich auch in seinen Briefen, von denen nicht viele sich scheinen erhalten zu haben. Der folgende ist an den Philosophen Franz von Baader gerichtet, der während seiner zeitweilig einflußreichen Stellung in München etwas für den schwer kämpfenden Jüngeren zu tun unternahm. Und gewiß war es nicht leicht, für einen Mann zu wirken, der von seinen »Fragmenten« sagen durfte, daß es bei ihnen »schon von selbst ehrlicher gemeint sein mußte, als es so leicht gemeint ist, wenn man bloß für das Publikum, also öffentlich, arbeitet. Denn so sieht eigentlich niemand zu, als, wenn es erlaubt ist, ihn zu nennen, der liebe Gott, oder, ist's anständiger, die Natur. Andere ›Zuschauer‹ haben noch nirgends viel getaugt, und auch ich habe mit vielen andern empfunden, daß es Werke und Gegenstände gibt, die nicht gelungener ausgeführt werden, als wenn man tut, als schreibe man für gar niemand, auch nicht einmal für sich selber, sondern eben für den Gegenstand selbst.« Ein schriftstellerisches Credo dieser Art hat schon damals seinen Bekenner in Not gebracht. Aber er fühlte nicht sie allein, sondern, wie der folgende Brief erweist, auch das Recht, sich auszusprechen, das sie verleiht und die Kraft dazu: amor fati.

Johann Wilhelm Ritter an Franz von Baader

Den 4. Januar 1808.

Für Ihr Schreiben von voriger Woche sage ich Ihnen den verbindlichsten Dank. Sie wissen ein für allemal, daß ich Erinnerungen, wie es enthält, immer am liebsten von Ihnen *erhalte. Hier kommen sie mir wie im eigenen Gemüt entstanden vor, und ich behandle sie auch so.*

Mit nichts belegen Sie besser, daß Sie mich kennen, als wenn Sie das alles, worin Sie mich unmäßig schelten müssen, doch noch Studien nennen. Ich habe vielleicht fast alles erlebt, was man bis zu meinen Jahren erleben kann; vieles habe ich nie gesucht, aber dagegen oft auch absichtlich mich nicht zurückgehalten, dies und jenes geschehen zu lassen. Ich suchte wahrscheinlich in allen nur das Eine, Bleibende, ohne was kein ehrlicher Mensch sein kann, nur daß ich um so vorbereiteter dazu kommen wollte, je verwickelter ich es

– mir – seit der frühesten Besinnung voraussah. Auch halte ich es von größerem Lohn, »gelebt« als bloß gewußt zu haben.

Was Sie von Zulassung äußerer Überreizungen sagen, gehört zum Teile auch dahin; ich will keineswegs sagen: ganz. Es können wenige, nach dem, was ich sehe, die natürliche Geschichte des männlichen Lebens ernstlicher, tiefer, ehrlicher vor Gott, und sich selbst eingestehender, begonnen und fortgesetzt haben als ich. Suchen Sie in dieser Äußerung nichts weniger als Eigendünkel, sondern bloßes Resultat aus einer nicht ganz beschränkten Beobachtung, erlaubt, es auszusprechen, wo es nötig ist. – Übrigens sehe ich das Ganze so als notwendigen Teil in das Fatum meines Strebens verwebt, daß ich ihn noch dazu als den vornehmsten, den im Geheimen Basis gebenden betrachten muß. Ob unter solchen Umständen ich hier unmäßig werden und gewesen sein könne, will ich selbst zwar nicht entscheiden, schwer zu glauben aber wird es mir.

Nach Allem habe ich somit wohl Grund, die letzte Ursache meiner Kränklichkeit, die erst seit einigen Jahren angefangen hat, tiefer zu suchen. Ich glaube sie äußerst leicht angeben und treffen zu können. Kummer und Sorge sind es; meine ökonomischen Verhältnisse drücken mich. Das *hat trotz alles Gegenstrebens, endlich auch den Körper getroffen. Sobald sich hierfür eine radikale Kurmethode entdeckt, sobald auch werde ich durchgängig geheilt sein. – Wie ich zu meinen Schulden gekommen, davon weiß* ich *die Rechenschaft und die Rechtfertigung wohl, aber sie läßt sich nicht jedem geben. Glücklich, daß ich selbst sie mir geben kann. Sie verstehen mich hier gewiß. Es gibt Dinge, die um keinen Preis zu teuer sind; es gibt ein Gut, um dessenwillen man selbst Menschen, dem Scheine nach, betrügen kann. Ich sage ausdrücklich: dem Scheine nach. Der Betrug ist gar nicht höher als der des Kaufmanns, der für eine gewiß durchgehende Spekulation von mehr Kredit Gebrauch macht, als ihm sonst zukäme.*

In praktischen Arbeiten war ich auch gehindert, da man hier bekanntlich noch gar nicht weiß, was man sich dergleichen muß kosten lassen. Wie viele schöne Arbeiten liegen entworfen da! Aber mit 100, auch 300 fl. sind sie noch nicht auszuführen, die Gulden aber selbst schon Summen, vor denen man an einem Orte erschrickt, an welchem nie ein wissenschaftliches Corps und ein Esprit desselben gedeihen kann.

Was unter solchen Umständen kann mir aus Vorlesungen, jetzt, für irgend ein echter Nutzen entstehen! Ich weiß, daß ich Zuhörer haben würde, wie Sie und Schelling, und vielleicht ein Dritter noch, und mit Freuden wollte ich sehen, ob ich nicht alles liegen lassen könnte, wären Sie allein diese meine Zuhörer. Aber Sie allein werden das nicht sein; gerade was ohne Frage den Ausschlag geben soll, ist eine große Anzahl anderer Personen, die nicht sind, wie Sie, die genannten Drei; sage ich denen, was Sie verstehen, so verstehen sie wieder nichts, und spreche ich, daß diese es verstehen, so wird mir Angst, Sie nur im Zimmer zu sehen, etwas, das ich schon aus mehreren Anwandlungen kenne. Was übrig bleibt, ist immer ein bloßes »seine Künste sehen lassen«.
Aber es ist Zeit, daß ich schließe. Verzeihen Sie den langen Brief. Es kam mir diesmal das Schreiben schicklicher vor als das Sprechen, zumal Sie wie ich verhindert waren, Gelegenheit zum letzteren zu geben.

Es war im Leben Goethes eines der folgenreichsten Ereignisse, daß es den Brüdern Boisserée mit unvermutbarem Glück gelang, das Interesse des 62jährigen noch einmal dem Mittelalter zu gewinnen, aus dessen Entdeckung die Straßburger Manifeste »von deutscher Art und Kunst« entsprungen waren. In den Weimarer Maitagen, in welche der folgende Brief fällt, ist – so darf man vermuten – die Vollendbarkeit des zweiten Teils des Faust entschieden worden. Der Brief ist aber nicht nur ein literarhistorisches Dokument ersten Ranges als Zeugnis, mit welchem Bangen das außerordentliche Experiment, den katholischen Bilderkreis dem Blick des alten Goethe zu unterbreiten, unternommen wurde – er zeigt zugleich, wie sehr die Existenz dieses Mannes ordnend und richtunggebend noch in fernliegende Bezirke hineinwirkte. Daß dies hier nicht feierlich, sondern vielmehr trotz der Souveränität und Reserve, mit der der auswärtige Freund Boisserées vorgeht, zum Ausdruck kommt, ist vielleicht das Schönste an diesen Zeilen.

Bertram an Sulpiz Boisserée

Heidelberg, den 11. Mai 1811.

Dein Glück bei Goethe, so preislich Du es auch in den brillantesten Zügen herausstreichst, kömmt mir nicht unerwartet, Du weißt, wie ich in Hinsicht der äußeren Verträglichkeit über den alten Herrn denke; doch gefalle Dir nur nicht zu sehr in der vornehm gelehrten Rolle, die Du angenommen hast, und bedenke, wie in allen menschlichen Dingen, das Ende. Wenn Du nur Schwarz auf Weiß Dir herausreden kannst, erst dann will ich Dich nach allen Kräften rühmen und preisen. Seit das Kantische Prinzip der Zweckmäßigkeit ohne Zweck wieder aus der Mode gekommen, finde ich das rein ästhetische Wohlgefallen überall in diesem interessierten Zeitalter malplaciert, und denke im Gegensatz des Evangeliums: gebt uns nur erst alles Andere, das Himmelreich wollen wir schon selbst zu finden trachten. Indessen ist es denn doch kein kleiner Triumph für den Ernst und die Redlichkeit Deines Strebens, mit einem so hoch berühmten und mit Recht verehrten Mann, um dessen Beifall gewichtigere Männer wie Du, vergebens in Kunst und Wissenschaft sich bemüht haben, auf diesem Punkte geistiger

Vertraulichkeit und Gemeinschaft zu stehen. Auch möchte ich Dich heimlich belauschen, Du warst gewiß innerlich so gepudert, mit Stern und Ordensband geziert und schimmerst so sehr in fremdem und eigenem Lichte, daß Du in der Dunkelheit Deines Wirthsstübchens ganz transparent erscheinen mußt. Wenn uns einmal etwas in der Welt gelingen sollte, liebes Kind, ohne Mühe und Anstrengung, in Lust und Freude haben wir es nicht errungen, unter drückenden bürgerlichen und häuslichen Verhältnissen, im Widerstreit gegen langjähriges Vorurtheil, gegen Apathie und Unempfänglichkeit für das Höhere, von Leiden und Trübsalen aller Art bedrängt, haben wir unsern Weg im Stillen fortgesetzt, ohne andere Aufmunterung und Unterstützung, als die des innern besseren Bewußtseyns, und des treuen beharrlichen Sinnes, der durch den Nebel der Zeiten wohl getrübt, aber nicht erstickt und vernichtet werden kann. Wie denk' ich mit freudiger Erhebung zurück an die ersten Zeiten unserer Bekanntschaft, die stillen, bescheidenen Anfänge Deiner Studien, wie oft habe ich in zweifelndem Gemüthe mit Ernst und Fleiß erwogen, ob mir Pflicht und Liebe es geböten, Dich dem Wirkungskreis zu entreißen, in dem Dich Deine ganze Umgebung zurückzuhalten strebte; und was konnte ich Dir bieten zum Ersatz für die Aufopferungen aller Art, zu denen Du Dich entschließen mußtest? ein fernes dunkles Ziel, das nur nach langen mühseligen Anstrengungen und Kämpfen zu erringen ist, während Du für die Gegenwart allem entsagen solltest, was in der Jugend Blüthe und Kraft als des Lebens höchster Reiz gepriesen wird.

Wenn nun der hochberühmte Mann der Zeit Deinem Unternehmen freundlich Beifall zunickte, wenn die Menge Deine Arbeiten bewundernd angafft, und der Ruf Deinen Namen dem Vaterlande von der Fremde ehrenvoll zurückträgt, so denke an jene einsamen Spaziergänge auf St. Severins und St. Gereons Wall, wo Ehrfurcht gebietend in den Resten alter Herrlichkeit, die Vaterstadt so still und schweigend vor uns lag, in deren öden Mauern ein in langjähriger Erschlaffung entartetes und nun durch den Druck der Zeiten vollends niedergebeugtes Geschlecht, uns auch nicht ein *Wesen darbot, das an dem Zwecke unseres Strebens mit Liebe Theil genommen hätte. Darum freue Dich des Gelingens Deiner Pläne und gehe dem Ziele, das Du Dir vorgesteckt, mit freiem Muth entgegen.*

Wer des reinen guten Willens vor Gott und den Menschen sich bewußt ist, den darf das widerstrebende Drängen und Treiben der Zeit so leicht nicht irre machen; wer dem Dienste des Höchsten sein Denken und Thun geweiht hat, dem wird die Weisheit nicht fehlen, die allein wahren Werth und Bestand hat, und auch die Klugheit nicht, die den Geist der Welt zähmen und bezwingen kann.
Ich falle, wie Du siehst, auf einen ernsthaften Text, Zeit und Umstände haben mir ihn aber auch jetzt so nahe gelegt, wo Du im Begriffe stehst, die Resultate Deines Strebens der Welt öffentlich darzulegen, und wo mir die momentane Stille einsamer Zurückgezogenheit zum Nachdenken über Alles was unser gemeinsames Interesse berührt, so mancherlei Veranlassung gibt.

Im Musée des arts décoratifs im Louvre gibt es ein kleines Nebengelaß, wo Spielzeug ausgestellt ist. Das Hauptinteresse des Beschauers ziehen einige Puppenstuben aus dem Biedermeier auf sich. Von den schimmernden Bouleschränkchen bis zu den kunstvoll gezimmerten Sekretären sind sie an jedem Teil das Gegenstück damaliger Patrizierwohnungen, und auf den Tischen dieser Räume liegt statt des »Globe« oder der »Revue des deux mondes« das »Magasin des poupées« oder »Le petit courrier« in 64° herum. Daß es Wandschmuck gibt, versteht sich von selbst. Aber nicht leicht ist einer darauf vorbereitet, in einem jener Stübchen überm Canapé auf eine winzige, jedoch exakt gestochene Nachbildung des Kolosseums zu stoßen. Das Kolosseum in der Puppenstube – das ist ein Anblick, der einem innigen Bedürfnis des Biedermeier muß entsprochen haben. Und es paßt gut dazu, wie in dem folgenden Brief – gewiß einem der biedermeierlichsten, die man nur finden kann – die Olympier Shakespeare, Tiedge und Schiller sich unter das Blumenjoch einer Geburtstagsguirlande schmiegen. So grausam das Spiel, mit dem die »Briefe über die ästhetische Erziehung« die Menschen zu freien Bürgern heranzubilden bestrebt waren, auf dem historischen Schauplatz gestört wurde, so sicher fand es sein Asyl in jenen Bürgerstuben, die einer Puppenstube so ähnlich sehen konnten. Ch. A. H. Clodius, der diesen erstaunlichen Brief schrieb, war Professor für »praktische Philosophie« in Leipzig. Das Lottchen ist seine Frau.

Ch. A. H. Clodius an Elisa von der Recke

d. 2. Dezbr. 1811.

Wie sehr große Seelen oft durch einen einzigen Gedanken des Wohlwollens auf entfernte Kreise ihrer Freunde und Verehrer wirken, davon, himmlische Elisa, haben wir den schönsten, wahrhaft entzückenden Beweis gestern gehabt. Die Aufstellung Ihrer wohl angekommenen kolossalen Büsten, mit denen Sie Lotten gütig beschenkten, unter einer kleinen Musik an Lottens Geburtstage war ein wahrer Gottesdienst für uns, und noch heute sitzen wir unter den mit Epheu umhangenen, mit seltensten Blumen umringten Büsten, wie die alten Griechen und Römer unter ihren

Hausgöttern in den kleinen Hauscapellen gesessen haben mögen! – Alles vereinigte sich, sowohl Dekorazion als Cantate sehr zauberisch zu machen. Unsre kleine Hütte war um so mehr ein Elysium, je anspruchsloser alles sich darstellte.
Durch einen glücklichen Zufall hatte ich schon vorher, ehe Ihre Büsten ankamen, die schöne Büste Schillers für Lotte bestellt, welche sie so sehr gewünscht hatte. Durch eben diesen glücklichen Zufall hatte die Freigebigkeit unserer Freunde Lottchens kleines romantisches Zimmerchen nach der Allee heraus durch Orangebäume, blühende Aloe, Narzissen, Rosen, alabasterne Vasen zu einem Tempel Florens und der Kunst so decoriert, daß es würdig war, die fremden Gäste aus dem Olymp zu empfangen. Unter der (schon vorhandenen) Console Shakespeares war auf einer Art Blumenträger in der Mitte zwischen Ihrer und Schillers Büste unsres Tiedge Bild aufgestellt, welches als das leichteste in dieser Büstenform am besten von der hohen Herme getragen werden konnte. Sonst hätten freilich die männlichen Genien den weiblichen Genius in die Mitte nehmen oder die minder colossale Büste von Schiller in der Mitte zwischen den beiden colossalen stehen müssen. Von Tiedges Herme gingen Ranken von Epheu zu zwei runden Pfeilertischchen, auf welchen Elisa und Schiller hervorragten. In diesem Kleeblatt von weißen Gestalten trug ein kleiner Tisch die herrlichsten Blumen empor, denen man die Jahreszeit nicht anmerkte, und zu dessen Füßen waren die verkleideten Lichter angebracht, welche von unten einen concentrierten Zauberschein auf die weißen colossalen Köpfe warfen, welche aus den grünen Büschen hervorragten. Ein Stehspiegel in der Ecke des Zimmers, eine Spiegeltür aus einem antikgearbeiteten Secretair von Lottchen gaben die drei weißen Gestalten von neuem zurück, sodaß die Bilder beinahe dreifach erschienen. Wie wir das Zimmerchen öffneten und dies kleine Heiligthum erschien, lief die ganz unvorbereitete auf das ihr so innig theure Bild der Mutter und des Freundes zu, mit lautem Ausruf der Freude. Es ward ihr ein Stuhl vor den kleinen decorierten zauberischen Schauplatz hingesetzt, und alsdann begann von vier herrlichen Stimmen das Geisterchor aus dem angränzenden Zimmer hinter Lottchens Stuhl: Willkommen in dem neuen Leben!
Lottens Empfindung wird sie Ihnen, herrliche Elisa, selbst beschreiben und ihren Dank, so viel sie kann, ausdrücken. Mit ihr

vereinigt sich der meinige, und herzliche Grüße an unsern verehrungswürdigen Tiedge. Möge der Himmel, edle Elisa, durch ruhige krankheitslose Stunden die vielen Freuden lohnen, die Sie auch in der Ferne unserer Lotte, uns zaubern! Wenn wir die wirklich herrliche Musik Ihnen schicken dürfen, die so viel reizendes, romantisches, inniges und doch zugleich erhabenes hat, werde ich sie abschreiben lassen. Mit inniger unausgesetzter Dankbarkeit und kindlicher Liebe bin ich

Ihr

Sie treu verehrender Sohn

C. A. H. Clodius.

Was Johann Heinrich Voß im nachfolgenden Brief seinem Freunde Jean Paul mitteilt, führt den Leser an die Quelle der deutschen Wiedergeburt von Shakespeare. Der Schreiber, der zweite Sohn des Homer-Übersetzers Johann Heinrich Voß, war kein überragender Geist. »Ihm fehlte eine selbständige, energisch auf das Ziel losdringende Natur. Die kindliche Liebe und Verehrung, die er für seinen Vater hegte, raubte ihm schließlich jede geistige Unabhängigkeit. Wie sein Vater ihm als höchstes Vorbild galt, so fügte er sich widerspruchslos seinen Anschauungen und war zufrieden, wenn er mit matterer Stimme die Meinungen des Alten nachsprechen, ihm die Beantwortung eines Briefes abnehmen oder bei seinen Studien dienend helfen konnte.« Die größte Freude seines Lebens mag er gehabt haben, als es ihm gelungen war, den Vater, erst duldend, dann auch tätig, seiner Shakespeareübersetzung zu gewinnen. – Wie es nun aber die Art der natürlichen Quellen ist, daß sie aus den verlorensten Rinnsalen, aus namenloser Feuchte, aus kaum netzenden Wasseradern sich speisen, so auch die der geistigen. Die leben nicht nur von den großen Leidenschaften, denen Same und Blut entquellen, noch weniger von den vielberufenen »Einflüssen«, sondern auch vom Schweiß des mühsamen Alltags und den Tränen, die aus der Begeisterung fließen: Tropfen, die sich dann bald im Strom verlieren. Der folgende Brief – ein einzigartiges Zeugnis für die Geschichte des deutschen Shakespeare – hat ihrer einige aufbehalten.

Johann Heinrich Voss an Jean Paul

Heidelberg, 25. Dezember 1817.

Der heutige und gestrige Tag haben mich zurückversetzt in die früheren Jahre der Kindheit, und ich kann noch gar nicht heraus. Ich weiß noch, mit welcher Ehrfurcht ich des Christkindes gedachte, das ich mir als einen violetten kleinen Engel mit rotgoldenen Flügeln vorstellte, aber seinen Namen wagte ich nicht auszusprechen; bloß gegen meine Großmutter konnte ich's, die mir noch ehrwürdiger schien. Mehrere Tage vor dem Heiligen Abend war ich still in mich gekehrt, aber nie ungeduldig. Rückte aber die heilige Stunde heran, da wuchs die Ungeduld fast bis zum Zer-

springen des Herzens. O wie viele Jahrhunderte vergingen, bis endlich die Glocke erschallte. – In späteren Jahren gewannen meine Weihnachtsfreuden andere Gestalt, seitdem Stolberg in Eutin lebte, den ich ganz unaussprechlich liebte, in dessen Gegenwart zu sein, ich, der spielfrohe, jedem Kinderspiele vorzog, dessen Händedruck mich bis ins innere Mark durchschauerte. Dieser Mann gab mir sehr früh Unterricht im Englischen, und als ich vierzehn Jahre alt war, forderte er, ich sollte Shakespeare lesen und mit dem Sturm anfangen. Das geschah, etwa sechs Wochen vor Weihnachten, und am zweiten Weihnachtstage war ich bis an die Maske von Ceres und Juno gekommen.[1] *Damals war ich sehr kränklich. Meine Mutter hatte Stolberg gebeten, er möchte mich dann und wann auf Spazierfahrten mitnehmen. Das geschah an diesem Tage. Eben wollte ich anfangen, die Maske zu lesen, da hielt der Wagen und Stolberg rief mir freundlich zu: »Komm, lieber Heinrich.« Und ich, wie ein Rasender stürzte ich hinaus und in den Wagen hinein. Nun wogte und wühlte es in meinem Herzen. Himmel, wie schwatzte ich dem armen Stolberg die Ohren voll von Shakespeare; und der freundliche Mann ließ sich alles gefallen, und war nur froh, daß Shakespeare bei mir Feuer gefangen. Als wir zurückfuhren, war meine einzige Sorge, der Wagen möchte vor zwölf Uhr, unserer Essenszeit, an unserer Tür halten. Aber Gottlob! es schlug halb eins, als wir noch bei der Fissauer Brücke waren. Nun durfte ich bei Stolberg essen. Ich saß neben ihm, und weiß noch die Gerichte. Wie schmeckte mir nun der Shakespeare, als ich in der Dämmerung zu ihm zurückkehrte. Seit der Zeit sind Shakespeares Sturm, Weihnachten und Stolberg in meiner Phantasie ununterscheidbar verschmolzen oder in eins gewachsen. Kommt der heilige Christ, so muß ich, durch innere Notwendigkeit getrieben, den Sturm lesen, wiewohl ich ihn auswendig weiß, und auf der Zauberinsel jedes Gräschen und Hälmchen kenne. Und das, Du teurer Jean Paul, soll heute Nachmittag von neuem geschehen. Fiele meine Todesstunde aufs Christfest, sie würde mich bei Shakespeares Sturm überraschen.*

1 Die Geister, die Ariel für Ferdinand und Miranda beschwört.

Das ist der Brief einer Zweiundzwanzigjährigen und, erst an zweiter Stelle sei es gesagt, ein Brief der Annette von Droste-Hülshoff. Die Botschaft aus dem Dasein einer jungen Frau, die frei von allem Überschwange des Gefühls mit Entschiedenheit, fast mit Strenge ausspricht, was mangels gleichen Sprachvermögens stets unbestimmt und weich erscheinen muß, ist kostbarer als die Nachricht aus dem Leben der Dichterin. Dieser Brief ist einzig auch unter den Schätzen der großen Korrespondentin, die Annette von Droste war. Wovon er redet, das sind Dinge, die jedem naherücken, der einmal in späten Jahren ohne Vorbereitung auf einen Schmuck, auf einen Erker, auf ein Buch, auf irgend etwas Unverändertes, das ihm als Kind vertraut war, gestoßen ist. Und von neuem wird er die Sehnsucht nach dem Vergessenen spüren, das da Tag und Nacht in ihm bereit liegt, Sehnsucht, die weniger ein Zurückrufen jener Kinderstunden als ein Echo von ihnen ist. Denn sie war ja der Stoff, aus dem sie gemacht waren. – Dieser Brief ist aber auch der Vorläufer einer Poesie »voll körniger Dinglichkeit und voll wohligen oder muffeligen Geruchs aus alten Schubladen«. Weniges bezeichnet sie in ihrer Eigenart so wie ein kleiner Vorfall, der sich in späten Jahren beim Grafen Thurn auf Schloß Berg zutrug. Da wollte man der Dichterin eine Freude mit dem Geschenk eines elfenbeinernen Kästchens machen, das man sorgfältig von allerlei Kram leerte, um es dem Gast sodann, nachdem man seinen Deckel wieder zugeschlagen, zu überreichen. Die Beschenkte, ungeduldig, es von neuem offen zu sehen, ungeschickt, es zu öffnen, preßte es zwischen ihren Händen; da sprang – kaum daß sie es berührt hatte – ein geheimes Fach, von dem niemand all die Jahrzehnte, da das Kästchen in der Familie gewesen war, je gewußt hatte, mit einem Mal auf und zum Vorschein kamen zwei zauberische alte Miniaturbilder. Denn Annette von Droste war eine Sammlernatur, eine seltsame freilich, in deren Stube neben Steinen und Broschen noch Wolken und Vogelschreie ihren Platz fanden, und in der darum das Magische und das Spinöse dieser Leidenschaft mit unerhörter Heftigkeit sich durchdringen. »Sie ist«, hat Gundolf mit tiefem Blick für das Verhexte und Gesegnete dieser westfälischen Jungfer gesagt, »eine innere Zeitgenössin der Roswitha von Gandersheim und der Gräfin Ida Hahn-Hahn.« – Der Brief ist vermutlich nach Breslau gegangen, wo Anton Matthias Sprickmann – ehemals Poet im Kreise des

Hainbunds, dann Professor in Münster und Mentor des jungen Mädchens – seit 1814 lebte.

Annette von Droste-Hülshoff an Anton Matthias Sprickmann

Hülshoff, 8. 2. 1819.

O mein Sprickmann, ich weiß nicht, wo ich anfangen soll, um Ihnen nicht lächerlich zu erscheinen; denn lächerlich ist das, was ich Ihnen sagen will, wirklich, darüber kann ich mich selber nicht täuschen. Ich muß mich einer dummen und seltsamen Schwäche vor Ihnen anklagen, die mir wirklich manche Stunde verbittert; aber lachen Sie nicht, ich bitte Sie; nein, nein, Sprickmann, es ist wirklich kein Spaß. Sie wissen, daß ich eigentlich keine Törin bin; ich habe mein wunderliches, verrücktes Unglück nicht aus Büchern und Romanen geholt, wie ein jeder glauben würde. Aber niemand weiß es, Sie wissen es ganz allein, und es ist durch keine äußeren Umstände in mich hineingebracht, es hat immer in mir gelegen. Wie ich noch ganz klein war (ich war gewiß erst vier oder fünf Jahr'; denn ich hatte einen Traum, worin ich sieben Jahr' zu sein meinte und mir wie eine große Person vorkam), da kam es mir vor, als ging ich mit meinen Eltern, Geschwistern und zwei Bekannten spazieren, in einem Garten, der gar nicht schön war, sondern nur ein Gemüsegarten mit einer geraden Allee mitten durch, in der wir immer hinaufgingen. Nachher wurde es wie ein Wald, aber die Allee mitten durch blieb, und wir gingen immer voran. Das war der ganze Traum, und doch war ich den ganzen folgenden Tag hindurch traurig und weinte, daß ich nicht in der Allee war und auch nie hineinkommen konnte. Ebenso erinnere ich mich, daß, wie meine Mutter uns eines Tages viel von ihrem Geburtsorte und den Bergen und den uns damals noch unbekannten Großeltern erzählte, ich eine solche Sehnsucht danach fühlte, daß, wie sie einige Tage nachher zufällig bei Tische ihre Eltern nannte, ich in ein heftiges Schluchzen ausbrach, so daß ich mußte fortgebracht werden; dies war auch vor meinem siebenten Jahr; denn als ich sieben Jahre alt war, lernte ich meine Großeltern kennen. Ich schreibe Ihnen diese unbedeutenden Dinge nur, um Sie zu überzeugen, daß dieser unglückselige Hang zu allen Orten, wo ich nicht bin, und allen Dingen, die ich nicht habe, durchaus in mir selbst liegt und durch keine äußeren Dinge hineingebracht ist; auf diese Weise werde ich Ihnen nicht ganz so lächerlich scheinen, mein lieber, nachsichtsvoller Freund. Ich denke, eine Narrheit, die uns der liebe Gott aufgelegt hat, ist doch immer nicht so schlimm wie eine, die wir uns selbst zugezogen haben. Seit einigen Jahren hat dieser Zustand aber so zugenommen, daß ich es wirklich für eine große Plage rechnen kann. Ein einziges Wort ist hinreichend, mich den ganzen Tag zu verstimmen, und leider hat meine Phantasie soviel Steckenpferde, daß eigentlich kein Tag hingeht, ohne daß eines von ihnen auf eine schmerzlich süße Weise aufgeregt würde. Ach mein lieber, lieber Vater, das Herz wird mir so leicht, wie ich an Sie schreibe und denke, haben Sie Geduld und lassen Sie mich mein törichtes Herz ganz vor Ihnen aufdecken, eher wird mir nicht wohl. Entfernte Länder, große interessante Menschen, von denen ich habe reden hören, entfernte Kunstwerke und dergleichen mehr, haben alle diese traurige Gewalt über mich. Ich bin keinen Augenblick mit meinen Gedanken zu Hause, wo es mir doch so sehr wohl geht; und selbst wenn tagelang das Gespräch auf keinen von diesen Gegenständen fällt, seh' ich sie in jedem Augenblick, wo ich nicht gezwungen bin, meine Aufmerksamkeit angestrengt auf etwas anderes zu richten, vor mir vorüberziehen, und oft mit so lebhaften an Wirklichkeit grenzenden Farben und Gestalten, daß mir für meinen armen Verstand bange wird. Ein Zeitungsartikel, ein noch so schlecht geschriebenes Buch, was von diesen Dingen handelt, ist imstande, mir die Tränen in die Augen zu treiben; und weiß gar jemand aus der Erfahrung zu erzählen, hat er diese Länder bereist, diese Kunstwerke gesehen, diese Menschen gekannt, an denen mein Verlangen hängt, und weiß er gar auf eine angenehme und begeisterte Art davon zu reden, o! mein Freund, dann ist meine Ruhe und mein Gleichgewicht immer auf längere Zeit zerstört, ich kann dann mehrere Wochen an gar nichts mehr anderes denken, und wenn ich allein bin, besonders des Nachts, wo ich immer einige Stunden wach bin, so kann ich weinen wie ein Kind und dabei glühen und rasen, wie es kaum für einen unglücklich Liebenden passen würde. Meine Lieblingsgegenden sind Spanien, Italien, China, Amerika, Afrika, dahingegen die Schweiz und Otaheite, diese Paradiese, auf mich wenig Eindruck machen. Warum? das weiß ich nicht; ich habe doch davon viel gelesen und viel erzählen hören, aber sie wohnen nun mal nicht so lebendig in mir. Wenn ich Ihnen nun sage, daß ich mich oft sogar nach Schauspielen sehne, die ich habe aufführen sehen, und oft nach eben denjenigen, wobei ich mich am meisten gelangweilt habe, nach Büchern, die ich früherhin gelesen und die mir oft gar nicht gefallen haben. So habe ich z. B. in meinem vierzehnten Jahre einen schlechten Roman gelesen, den Titel weiß ich nicht mehr, aber es kam von einem Turme darin vor, worüber ein Strom stürzt, und vorn am Titelblatt war besagter abenteuerlicher Turm in Kupfer gestochen; das Buch hatte ich längst vergessen, aber seit längerer Zeit arbeitet es sich aus meinem Gedächtnis hervor, und nicht die Geschichte, noch etwa die Zeit, in der ich es las, sondern wirklich und ernsthaft das schäbige verzeichnete Kupfer, worauf nichts zu sehen ist wie der Turm, wird mir zu einem wunderlichen Zauberbild, und ich sehne mich oft recht lebhaft danach, es einmal wiederzusehen: wenn das nicht Tollheit ist, so gibt's doch keine, da ich zudem das Reisen doch gar nicht vertrage, da ich mich, wenn ich einmal eine Woche von Hause bin, ebenso ungestüm dahin zurücksehne, und da auch wirklich dort alles meinen Wünschen zuvorkommt. Sagen Sie! was soll ich von mir selbst denken? und was soll ich anfangen, um meinen Unsinn los zu werden? Mein Sprickmann, ich fürchtete meine eigene Weichheit, wie ich anfing, Ihnen meine Schwäche zu zeigen, und statt dessen bin ich über dem Schreiben ganz mutig geworden; mich dünkt, heute wollte ich meinen Feind wohl bestehen, wenn er auch einen Anfall wagen sollte. Sie können auch nicht denken, wie glücklich übrigens meine äußere Lage jetzt ist; ich besitze die Liebe meiner Eltern, Geschwister und Verwandten in einem Grade, den ich nicht verdiene, ich werde, besonders seit ich vor dreieinhalb Jahren so krank war, mit einer Zärtlichkeit und Nachsicht behandelt, daß ich wohl eigensinnig und verwöhnt werden könnte, wenn ich mich nicht selbst davor fürchtete und sorgfältig hütete. Wir haben jetzt eine Schwester meiner Mutter Ludowine bei uns, ein gutes, stilles, verständiges Mädchen, deren Umgang mir sehr wert ist, besonders wegen ihrer klaren und richtigen Ansicht der Dinge, womit sie oft, ohne es zu ahnden, meinen armen verwirrten Kopf wieder zu Verstande bringt. Werner Haxthausen lebt in Köln, und mein ältester Bruder, Werner, kommt in einigen Wochen zu ihm. Leben Sie wohl und vergessen Sie nicht, wie begierig ich auf Antwort warte.

Ihre Nette.

Es gibt wenige deutsche Prosaiker, deren Kunst so ungebrochen in die Briefstellerei eingeht wie die von Görres. Wie die Meisterschaft eines Handwerkers, der seine Werkstatt neben der Wohnstube hatte, niemals im Werk allein, sondern gleichzeitig im privaten Lebensraume des Mannes und seiner Familie sich ausprägte, so ist es bei Görres mit der Schreibkunst der Fall. Wenn die frühromantische Ironie Friedrich Schlegels – siehe die »Lucinde« – esoterischer Art und bestimmt ist, eine kühle Aura um das reine, sich selbst genugsame »Werk« zu legen, schlägt die spätromantische eines Görres die Brücke zum Biedermeier. Die Ironie beginnt, sich von der Artistik zu lösen, um sich der Innigkeit und Schlichtheit zu verbinden. Dem Geschlecht, welchem Görres angehörte, ging die Reminiszenz der gotischen Bürgerstube mit ihren Knospentürmchen und Bogengängen an Stuhl und Truhe wirklich tief in den Alltag ein, und wenn sie uns in den Gemälden der Nazarener bisweilen gekünstelt und kalt erscheint, so gewinnt sie desto mehr Wärme und Kraft in den intimeren Bereichen. Der folgende Brief spiegelt sehr schön den Übergang der idealisch ausgespannten Romantik ins beschauliche Biedermeier.

Joseph Görres an den Stadtpfarrer Aloys Vock in Aarau

Straßburg, 26. Juni 1822.

Ich muß wieder einmal mein Antlitz gegen das Aartal wenden und sehen, was meine freien Bündler über dem Jura machen. Ich setze daher sofort gleich den linken Fuß an den alten Salzturm bei Basel, dann gar nicht weit ausnehmend den rechten, unsern guten Bricktalern damit über die Nase fahrend, oben auf den Sattel an der Scharte und sehe nun hinunter und finde gleich die hölzerne Brücke, auf der man am hellen Tage nicht sieht, an die man unter drei Franken Strafe, die Hälfte für den Angeber, sein Wasser nicht abschlagen darf, natürlich um das schöne grüne Bergwasser unten nicht zu verderben, sehe links die alte Zwingburg, deren Mauern die tapferen Aarauer zwölften Geschlechts abwärts überschritten, dahinter die Wohnung, wo ehemals Prof. Görres seinen patriotischen Phantasien nachgehangen, endlich ganz links am Ende, um nicht mehr irre zu gehen, im vorvorletzten Hause, meinen liebwertesten Herrn Pfarrer etwas zerstreut auf der Galerie hinten auf und nieder gehen, bisweilen nach der Scharte sehen und seinen Augen nicht recht trauen, ob der Heruntersehende wirklich der Herr Schreibende ist, und ob er aus dem Briefe heraussieht, oder der Brief aus ihm, und ob seine Gedanken auf dem Berge stehen oder der Berg in seinen Gedanken. Das sind nun eben die kuriosen Fälle, wie sie im Leben vorkommen, und wenn der Pfarrer mich wirklich anredet und mich ernsthaft fragt, ob ich denn wirklich der selbige Herr Görres sei, der bekanntermaßen zehn Monat in des Bürgermeisters Haus gewohnt und im Garten auf und ab trottiert, so kann ich mit gutem Gewissen nicht ja sagen, da der leibliche Überrock, den ich vor acht Monaten von da mitgenommen, wirklich ganz abgetragen und zerrissen ist; und doch auch ohne rot zu werden, nicht recht nein, da ich mich wirklich zu erinnern glaube, daß das fragliche Subjekt wirklich da herumspaziert. Da gebe ich ihm denn kurzweg in der Verwirrung die Hand und fühle nun gleich, wie's steht, und daß ich bei alten Freunden und Bekannten bin.

Um nun auf die albernen Reden auch ernsthafte Diskurse zu führen, so will ich Ihnen sagen, wie dieser mein Brief hinter großen Wettern herzieht, die viel Menschen hier das Leben gekostet und ganz nahe auch meine Frau und Sophie auf dem Wasser getroffen hätten. Das sind furchtbare Stürme in diesem Jahre, die sich über die Gebirge nach Norden hin verirrt. Marie meint, Sie würden nun seit vier Wochen auch kein Feuer mehr im Ofen haben, obgleich immer noch Morgen und Abend etwas kühlich spitze Finger machen möchten; ich sage ihr aber, man brauche sie ja eben nicht herauszustrecken und sie vielmehr, wie sich's denn auch ohnehin schickt, bei sich behalten.

Viel hundert Vögel, die eben auf der großen Kastanie vor meinem Fenster ihr Schlaflied singen, lassen Ihr Zeiserlein auch aufs schönste grüßen.

In der Frühromantik war es ein dichtes Netz nicht gedanklicher Beziehungen allein, sondern persönlicher, das von den Naturwissenschaftlern sich zu den Dichtern hinüberspann. Verbindende Geister wie Windischmann, Ritter, Ennemoser und verbindende Vorstellungen wie die Brown'sche Reiztheorie, der Mesmerismus, die Chladni'schen Klangfiguren hielten das naturphilosophische Interesse auf beiden Seiten ununterbrochen wach. Je weiter aber das Jahrhundert vorrückte, desto mehr lockerten sich diese Beziehungen, um endlich in der Spätromantik den seltsamsten, gespanntesten Ausdruck in der Freundschaft zwischen Liebig und Platen zu finden. Das Kennzeichnende, von älteren Bindungen ähnlicher Art gänzlich sich Unterscheidende, ist die Ausschließlichkeit, mit der sie – von allen übrigen Verbindungen abgesondert – auf die beiden Partner allein gestellt ist: den neunzehnjährigen Studenten der Chemie und den sieben Jahre Älteren, der an der gleichen Universität Erlangen seinen orientalischen Interessen nachging. Die gemeinsame Studienzeit freilich war kurz; im Frühjahr des Jahres 1822 schon, das sie zueinander geführt hatte, mußte Liebig sich vor den Demagogenverfolgungen nach Paris in Sicherheit bringen. Das war der Beginn eines Briefwechsels, der ausgespannt über den drei Pfeilern der gemeinsam verlebten Monate, schwankend, vibrierend den Abgrund der Jahre, welche folgten, überbrückte. Unendlich schwierig ist Platen als Korrespondent gewesen: die Sonette, Ghaselen an Freunde, wie sie auch diesen Briefwechsel von Zeit zu Zeit unterbrechen, scheint er gewissermaßen zu verstecken oder zu erkaufen durch unablässige Vorwürfe, Ausfälle, Drohungen. Um so gewinnender das Entgegenkommen des geliebten und schönen Jüngeren, der in Platens Welt so weit eingeht, ihm als Naturforscher (könnte er sich zu solcher Tätigkeit entschließen) eine größere Zukunft als Goethen zu prophezeien oder auch, Platen zur Freude, seine Briefe mit arabischen Schriftzeichen zu signieren, wie diesen folgenden. Abgefaßt ist er zwei Monate vor der entscheidenden Wendung in Liebigs Leben, auf die er selber in seiner Widmung der »Chemie in ihrer Anwendung auf Agricultur und Physiologie« zurückweist. »Zu Ende der Sitzung vom 28. Juli 1823«, so wendet er sich an Alexander von Humboldt, »mit dem Zusammenpacken meiner Präparate beschäftigt, näherte sich mir aus der Reihe der Mitglieder der Akademie ein Mann und knüpfte mit mir eine

Unterhaltung an; mit der gewinnendsten Freundlichkeit wußte er den Gegenstand meiner Studien und alle meine Beschäftigungen und Pläne von mir zu erfahren; wir trennten uns, ohne daß ich aus Unwissenheit und Scheu zu fragen wagte, wessen Güte an mir teilgenommen habe. Diese Unterhaltung ist der Grundstein meiner Zukunft gewesen, ich hatte den für meine wissenschaftlichen Zwecke mächtigsten und liebevollsten Freund und Gönner gewonnen.« Den Zeiten, in denen zwei große Deutsche in den Räumen einer französischen Akademie Bekanntschaft miteinander schließen konnten, ist Liebig auch weiterhin, zumal im Jahre 1870, treu geblieben, da er in einer Rede vor der Bayrischen Akademie der Wissenschaften dem Chauvinismus entgegengetreten ist. So repräsentierte er in der Frühzeit wie im Alter jene Forschergeneration, der Philosophie und Dichtung noch nicht ganz aus dem Blickkreis verschwunden waren, wenn sie auch nur mehr winkend und hinter Nebeln, wie im folgenden Briefe, herübergeistern.

Justus Liebig an August Graf von Platen

Paris, den 16. Mai 1823.

Liebster Freund!
Meinen letzten Brief hast Du jetzt sicher in Händen und erwartest mit diesem Brief mein Bild, das ich Dir zu senden versprach, es ist nicht meine Schuld, daß dieses nicht gleich geschieht, sondern die Schuld des Künstlers, der es bis jetzt noch nicht beendigt hat; allein soll mich dieses abhalten, mit Dir ein wenig zu plaudern?
Es ist eine ausgemachte Sache, daß die Witterung, die Temperatur und andern äußern Zufälligkeiten einen entschiedenen Einfluß auf das Denken, und deswegen auch auf das Briefschreiben haben; der Mensch unterliegt diesem Einflusse trotz seines gebietenden Ichs, er hat dieses mit dem hygrometrischen Herd gemein, das sich verlängern oder verkürzen muß, wenn Feuchtigkeit in seiner Umgebung sich befindet oder nicht. Sicher ist bei mir jetzt ein solches äußeres Agens im Spiel, das mir das Schreiben an Dich zum Bedürfnis macht, da ich mich ja im andern Falle mit dem Denken oder mit dem Gedanken an Dich hätte begnügen können, doch

glaube deswegen noch nicht, daß vielleicht ein naher Komet Schuld daran sei, denn die Magnetnadel oscilliert noch wie zuvor, auch ist die Hitze nicht außerordentlicher als wie sie gewöhnlich um diese Zeit in dem Pariser Klima ist; Biot's Vorlesung über die Zerlegung und Klassifizierung der Töne kann dieses auch nicht hervorgebracht haben, und doch wünschte ich, daß ich die Harmonika spielen könnte, ich würde jetzt spielen, und Du würdest vielleicht die Töne hören, die Dir sagen könnten, wie sehr herzlich ich Dich liebe. Gay Lussac, der Entdecker der Gesetze, welchen die Gase unterworfen sind, hat in seinen Vorlesungen noch weniger Anlaß dazu gegeben, und doch wünschte ich ein Gas zu sein, das sich ins Unendliche ausdehnen könnte, ich würde mich im Augenblicke mit dem Endlichen begnügen, und würde mich nur bis Erlangen expandieren und Dich dorten als Atmosphäre umgeben, und gibt es Gase, die beim Atmen tödlich, andere, die liebliche Bilder erscheinen machen, so würde ich vielleicht ein Gas sein, das Dir Lust zum Briefschreiben und Freude und Lust am Leben erwecken könnte. Beutang kann mit seiner Mineralogie noch weniger dieses Bedürfnis hervorbringen, da er mir alle Hoffnung abschneidet, jemals den Stein der Weisen, (der sich als Stein doch in der Mineralogie finden müßte) zu erhalten, und doch wünschte ich ihn, weil er mich in den Stand setzen würde, Dich so glücklich als möglich zu machen, und mich fähig machen würde, mit Dir arabische und persische Rätsel zu lösen, was ich ohne diesen Wunderstein nie lernen werde. Ist es vielleicht la Place mit seiner Astronomie? Dieser kann es auch nicht sein, er zeigt mir bloß den Meridian, in welchem Du lebst, ohne mir Deine glücklichen Sterne zu zeigen. Ebensowenig können es Cuvier's Entdeckungen in der Natur sein, die mich zum Briefschreiben bewegten, denn der gute Mann hat trotz seinem Eifer noch nicht ein Tier, viel weniger einen Menschen finden können, der dem andern vollkommen gleich ist, er zeigt mir bloß, daß die Natur aus einer Leiter besteht, und läßt mich nur sehen, um wieviel Stufen ich noch unter Dir stehe. Oerstedt vielleicht, bei seinem Hiersein hat mit seinem Elektromagnetismus dieses Rätsel bewirkt? Allein auch dieser ist es nicht, denn er nimmt in seinem Galvanismus keine Pole an, und ich fühle wohl, daß wir zwei Pole sind, die in ihrem Wesen unendlich verschieden, allein auch eben dieser Verschiedenheit halber sich anziehen müssen, denn Gleichartiges stößt sich ab.

Du siehst liebster Platen, daß ich nichts finde, was mir dieses Geheimnis aufklären könnte, ich bitte Dich in Deinem nächsten Brief um den Schlüssel.

Dein Dich herzlich küssender

Liebig.

»Diese Blumen«, so schreibt am 10. Dezember 1824 Jenny von Droste-Hülshoff, die Schwester der Annette, an Wilhelm Grimm, »sind aus meinem Garten, und ich habe sie für Sie getrocknet«. Und: »Ich wünsche Ihnen immer klaren Sonnenschein, wenn Sie in der Aue spazieren gehen wollen, und daß Ihnen dann keine lästigen Bekannten begegnen, die Sie auf unangenehme Gedanken bringen und so die ganze Erholung für Sie verloren geht.« Sie hat auch noch zwei Bitten, »möchte nämlich gerne wissen, wie groß das Schauspielhaus und Theater in Kassel ist«. Die andere Bitte ist aber viel wichtiger. »Wenn ich«, so schreibt sie, »meinen Schwänen die Flügel stutze, was neulich noch an den beiden Jungen hat geschehen müssen, so ist das immer eine so große und traurige Arbeit. Ich bitte Sie also, mal zu fragen, auf welche Art die Schwäne in der Aue wohl behandelt werden. Es hat aber damit gar keine Eil, denn so bald kann ich doch von Ihrem Unterricht noch keinen Gebrauch machen. Die Schwäne müssen Sie aber immer mit günstigen Augen ansehen und denken, Sie stünden am Hülshoffer Teiche und sähen die meinigen da schwimmen. Ich will Ihnen auch sagen, wie sie heißen: der schöne Hans, Weißfüßchen, Langhals und Schneewittchen. Gefallen Ihnen die Namen wohl?« Alles das ist im folgenden Briefe beantwortet. Es ist jedoch nicht die Erledigung der Fragen in solcher Antwort, sondern die zarteste Verflechtung mit ihnen, so daß dies Frag- und Antwortspiel zur Spiegelung des längst vergangenen Liebesspiels zwischen den Schreibenden wird, das schwerlos in der Sprach- und Bilderwelt weiterlebt. Was wäre Sentimentalität, wenn nicht der erlahmende Flügel des Fühlens, das sich irgendwo niederläßt, weil es nicht weiterkann, und was also ihr Gegensatz, wenn nicht diese unermüdete Regung, die sich so weise aufspart, auf kein Erlebnis und Erinnern sich niederläßt, sondern schwebend eins nach dem andern streift: »O Stern und Blume, Geist und Kleid, / Lieb, Leid und Zeit und Ewigkeit!«

Wilhelm Grimm an Jenny von Droste-Hülshoff

Cassel, 9ten Januar 1825.

Liebes Fräulein Jenny!

Ich danke Ihnen für die beiden Briefe, die ich von Ihnen erhalten habe, und für die freundschaftliche und wohlwollende Gesinnung, die daraus spricht: ich habe sie von Herzen gefühlt und erkannt. Ich könnte das vielleicht noch besser und schöner ausdrücken, aber warum sollten Sie die Wahrheit davon nicht in den wenigen Worten empfinden. Es ist nun schon lange, seit ich Sie zuerst gesehen habe, und viele Jahre sind jedesmal verflossen, ehe wir uns Ihrer Gegenwart wieder erfreuten, und doch ist mir jedesmal gleich vertraulich in Ihrer Nähe vorgekommen, darum stelle ich mir auch nicht vor, daß Sie uns vergessen würden oder Ihr Andenken an uns in der Zeit verblassen könne. Es ist schön, wenn es Menschen gibt, an die man mit Vertrauen und Sicherheit zu allen Zeiten denken darf. Ich glaube, ich habe Ihnen schon einmal geschrieben, daß mir unser Leben oft wie ein Gang in einem unbekannten Lande vorkommt, denn ungewiß ist ja alles, was uns begegnet. Der Himmel ist überall in gleicher Nähe über uns und um uns, und ich vertraue wie Sie, daß er mir wird begegnen lassen, was mir gut ist; gleichwohl sind unsere Füße an den Boden gefesselt, und wir empfinden es schmerzlich, wenn wir in dürrem und heißem Sand dahin schreiten, und wir dürfen uns wohl nach den grünen Wiesen, Wäldern, nach den Orten sehnen, die liebreiche Menschen angebaut haben. Dies wird Sie wieder an meine Erzählung von meinen Spaziergängen erinnern, auf welchen ich so ungern einem Gesicht begegne, dessen Ausdruck mich stört; denn ich kann es doch nicht lassen, die Menschen anzusehen. Diese vielleicht allzugroße Empfindlichkeit mag auch daher kommen, daß ich seit vielen Jahren, eigentlich so lange ich mich besinnen kann, allein spazieren gegangen bin. In früheren Jahren mußte ich es tun, weil ich wegen Kränklichkeit langsam ging, und so ist es mir als Gewohnheit geblieben; ich bin auf diese Art am liebsten mit mir selber allein, und es ersetzt mir die Einsamkeit, nach der ich mich manchmal, so gerne ich unter Menschen bin, und so wenig ich lange allein sein möchte, außerordentlich sehne. Ich begreife Ihre Abneigung, die Sie manchmal gegen Gesellschaft hegen; es ist gewiß immer

recht und gut, wenn man sie bezwingt, aber ich werfe mir doch auch die Artigkeit gegen Menschen vor, die mir gleichgültig sind.
Ihre Blumen, die Sie uns geschickt haben, sind so schön, wie ich sie noch niemals in dieser Art gesehen habe. Sie dachten nur einen Sommer zu blühen und sind nun für so lange Zeit bewahrt, daß sie wohl einen Menschen ausdauern und länger. Wie schnell das Leben vergeht, mitten in der Beschäftigung und Arbeit fliegt mir die Zeit dahin. Vor einigen Tagen, am 4. Januar haben wir Jacobs Geburtstag gefeiert; glauben Sie wohl, daß er schon 40 Jahre alt ist? Manchmal ist er noch ganz wie ein Kind und ist auch ein so guter und edeldenkender Mensch, den ich vor Ihnen einmal loben möchte, wenn sichs schickte.
Sie hatten versprochen, die Cassiopea, die ich Ihnen hier zeigte, zu behalten; ich will Sie mit noch einem Sternbild bekannt machen, welches man in dieser Zeit sieht und das schönste unter allen ist. Wenn Sie an einem hellen Abend, etwa um 8, 9 Uhr mitten zwischen Osten und Süden gerade aufblicken wollen, so wird es vor Ihnen stehen; es sieht so aus, wenigstens in meinen Gedanken:

Das Ganze heißt Orion, die zwei großen Sterne Rigel und Bellatrix, denn mit dem arabischen Namen des dritten will ich Sie nicht quälen. Die sechs in der Mitte stehenden Sterne

heißen auch der Jacobsstab oder der Rechen, was Sie nun gar der Gärtnerei wegen nicht vergessen dürfen. Am Pfingsten versinkt es wieder im Westen und steigt im Herbst im Osten wieder auf.
Das Theater hat 40 Fuß Breite, 43 Fuß Höhe und 155 Fuß Tiefe. Hierin erhalten Sie die genaue Nachricht. Aber wie es mit den Schwänen gehalten wird, habe ich noch nicht erfahren können. Eigentlich glaube ich, man schneidet den Jungen die Flügel gar

nicht, wenn sie auch auffliegen, kommen sie doch zur Heimat wieder zurück.
Diesen Sommer ging ich einen Abend die Fulda hinauf; da hatte sich ein Schwan auf eine kleine Insel niedergelassen, saß da ganz stolz, dann ließ er sich in die Flut hinab und zog ein paar Kreise; der ist gewiß aus der Aue hierher geflogen, auch habe ich sie da einige Mal fliegen gesehen. Sonst brauchen Sie mir keine Zuneigung zu diesen Tieren anzuempfehlen: ich habe sie immer gerne gehabt; das stille, ernste und ruhige und doch heitere, das geistige, – denn man denkt, Meerschaum habe sich gebildet und belebt, – das begeisterte, das sie neben dem kühlen und ruhigen zu haben scheinen, gefällt mir immer von neuem. Am schönsten habe ich sie im Anfang des Dezember gesehen: ich ging, wie ich es gerne tue, bei einbrechender Nacht an einem von den lauen und milden Abenden hinab in die Aue zu dem Wasser, weil ich das besonders gerne betrachtete. Mich erfreut immer das reine, leicht bewegliche Element. Die Trauerweiden hatten noch alle ihr Laub, nur war es hellgelb geworden, und die dünnen Zweige trieben sich mit sichtbarem Vergnügen in der Luft langsam hin und her. Im Osten leuchteten durch die Fichten und Tannen ein paar dunkelrote Streifen, während die andern schon in tieferDämmerung steckten. Nun schienen die Schwäne erst recht lebendig zu werden, zogen auf dem Spiegel hin und her, ihr Weiß leuchtete durch die Dunkelheit, und sie sahen wirklich wie übernatürliche Wesen aus, so daß ich mir die Nixen und Schwanenjungfrauen lebhaft vorstellen konnte, bis es endlich finstere Nacht wurde. Die Namen von Ihren Schwänen gefallen mir, nur Weißfüßchen ist mir ein Rätsel, oder soll er dadurch Bescheidenheit lernen? Nennen Sie nun auch einen Wassernix!
Damit will ich diesen Brief an einem Sonntagmorgen schließen, nur noch die herzlichsten Grüße von uns allen müssen Sie annehmen, ehe sie ihn hinlegen.

Wilhelm Grimm.

Den folgenden Brief hat der 75jährige Zelter an den 78jährigen Goethe gerichtet, ehe er nach seiner Ankunft in Weimar dessen Schwelle betrat. Es ist oft bemerkt worden, daß in unserer Literatur Glanz und Ruhm am meisten den Jünglingen, den Beginnenden und noch mehr den Frühvollendeten anhaften. Wie selten die Erscheinung des Männlichen in ihr ist, bekräftigt jede neue Beschäftigung mit Lessing. Vollends aus dem bekannten Raum der deutschen Bildungswelt ragt die Freundschaft heraus, in welcher zwei Greise in einem geradezu chinesischen Bewußtsein von der Würde des Alters und seiner Wünschbarkeit die Neige ihrer Lebenstage einander mit den erstaunlichen Trinksprüchen zubringen, die wir in Goethes Briefwechsel mit Zelter besitzen und von denen der folgende der vollkommenste sein dürfte.

Karl Friedrich Zelter an Goethe

Du bist im Mutterleibe der Natur so hübsch zu Hause und ich höre Dich so gerne reden von Urkräften, die von Geschlechtern der Menschen ungesehn durch das Universum wirken, daß ich ein Gleiches ahnde, ja Dich im Tiefsten zu verstehen meine und doch zu alt und viel zu weit zurück bin, um ein Studium der Natur anzufangen.
Komme ich nun auf einsamen Reisen über Höhen, Bergspitzen, durch Schluchten und Thäler, so werden mir Deine Worte zu Gedanken, die ich mein *nennen möchte. Aber es fehlt an allen Orten und nur mein eigenes kleines Talent kann mich retten, daß ich nicht versinke.*
Da wir doch nun einmal zusammen sind wie wir sind, so dächte ich, Du ließest Dich herab, da ich Dich so gern verstehe, mir meinen Grundstein zu legen um mein innerstes Sehnen zu festen: wie *Kunst und Natur, Geist und Körper überall zusammenhangen, ihre Trennung aber – Tod ist.*
So habe ich auch diesmal wieder, indem ich wie ein Zwirnfaden das Thüringische Gebirge von Coburg bis hieher durchzogen bin, schmerzhaft an den Werther *gedacht: daß ich nicht überall mit Fingern der Gedanken was unter und neben mir ist, befühlen, beschauen kann; was mir aber so natürlich vorkommt als Körper und Seele Ein Wesen sind.*

Freilich hat es unserer vieljährigen Correspondenz nicht an Materie gefehlt; Du hast so redlich Theil genommen an meinem Stückwissen in musikalischen Dingen, wo wir Andern freilich noch immer umherschwanken; – wer hätte es uns denn sagen sollen?
Aber ich möchte doch auch nicht gar zu bettelhaft gegen Andere vor Dir erscheinen. Nenne es Stolz – dieser Stolz wäre meine Lust. Von Jugend an habe mich hingezogen, hingezwungen gefühlt zu denen die mehr, die das Beste wissen und muthig, ja lustig mich bekämpft und ertragen, was mir an ihnen mißfiel – ich wußte wohl was ich wollte, wenn ich auch nicht weiß, was ich erfuhr. Du warst der Einzige, der mich trug und trägt, ich könnte von mir selber lassen, nur nicht von Dir.
Sage mir, zu welcher Stunde ich zu Dir komme; ich erwarte vorher unsern Doctor, weiß aber nicht, wann er kommen kann.

Weimar, Dienstag den 16. Octbr. 1827.

Z.

Dem historischen Rückblick enthält der folgende Brief mehr als eine Todesnachricht, und sei es die ganz Deutschland erschütternde vom Hinscheiden Hegels. Er ist ein Treugelöbnis an seiner Bahre, dessen Folgen die, die es ablegten, damals nicht ahnten. Strauß und Märklin, die sich in diesem Briefe so eng verbunden zeigen, gehörten dem gleichen Jahrgang der Klosterschule Blaubeuren an, auf der sie miteinander Freundschaft geschlossen hatten, und zwar der sogenannten »Geniepromotion«. So wenigstens nannte man diesen Jahrgang später auf dem Tübinger Stift, in welches, 1825, Strauß und Märklin als Studenten der Theologie hinübertraten. Unter den übrigen Figuren, die der Gruppe zu dem glanzvollen Namen verhalfen, hat heute freilich nur noch Friedrich Theodor Vischer ein Gesicht. In der schönen gemächlichen Biographie, die Strauß dem Adressaten nach dessen frühem Tod – er starb mit 42 Jahren 1848 – gewidmet hat, stellt er anmutig das Bild des berühmten Stifts hin, das im Laufe der Zeit »so viele bauliche Umwandlung erfahren, daß es kein klösterliches, ja kaum mehr ein altertümliches Ansehen hat. Mit der Hauptseite gegen Süden gewendet, sonnig und luftig, die höheren Stockwerke mit entzückender Aussicht auf die dunkelblaue Mauer der schwäbischen Alp, welche über dem theatralisch auseinandertretenden Vordergrunde des Steinlachtales sich als Hintergrund erhebt, ist das ganze Gebäude, die beiden Hörsäle und den Speisesaal ausgenommen, in Arbeits- und Schlafzimmer für je 6 bis 10 Bewohner in der Art abgeteilt, daß, ähnlich wie in Blaubeuren, allemal zwischen zwei Studierzimmern der Zöglinge ein Repetentencabinett sich befindet.« Wenn Strauß später das Stift verließ, um die unmittelbare Auseinandersetzung mit den Gedanken zu suchen, die von Berlin aus damals Deutschland bewegten, so waren die beiden Freunde doch 1833 von neuem als Repetenten im Stift vereinigt und zwei Jahre später erschien dann das »Leben Jesu«, das nicht nur für seinen Verfasser Strauß, sondern auch für Märklin Ursprung lang andauernder Kämpfe wurde, in denen die Theologie der Junghegelianer sich bildete. Ausgangspunkt der Hegelstudien für beide war die »Phänomenologie«. »Hegel, welcher einst mit Märklins Vater zu gleicher Zeit in das Tübinger Stift eingetreten war, hatte lange in seiner schwäbischen Heimat nur geringe Beachtung gefunden. Nun erwuchs ihm auf einmal in dem Sohne Märklins und dessen Freundeskreis ein Häuflein von begeisterten Anhängern;

nur zogen sie in theologischen Dingen die Konsequenzen jenes Systems viel kühner als der Meister selbst.« Im »Leben Jesu« führen diese Konsequenzen zu einer Synthese der supranaturalistischen und der rationalen Auslegung des Neuen Testaments, dergestalt, daß, um mit Strauß zu reden, »als Subjekt der Prädikate, welche die Kirche Christo beilegt, statt eines Individuums eine Idee, aber eine reale, nicht Kantisch unwirkliche, gesetzt wird. In einem Individuum, einem Gottmenschen, gedacht, widersprechen sich die Eigenschaften und Funktionen, welche die Kirchenlehre Christo zuschreibt: in der Idee der Gattung stimmen sie zusammen.« Das waren Perspektiven der Hegelschen Lehre, die, so keimhaft sie im Jahre 1831 noch verschlossen lagen, die konventionelle Erbaulichkeit einer Totenfeier nicht gerade beförderten. Und es war nicht allein der werdende Verfasser des Lebens Jesu, der bei dieser Bestattung den Mißklang empfand, in dem eine umstürzende und unvorhergesehene Art des Fortlebens sich ankündigte. »Das Entsetzen«, schreibt sehr vermittelnd J. E. Erdmann, gleichfalls ein Hegelianer, »darüber, daß er, den man noch eben frisch und munter gesehen hatte, dahingerafft war, muß als ein Entschuldigungsgrund für manches an seinem Grabe gesprochene Wort gelten. Er war zu groß gewesen, als daß die Kleinen, denen er Halt gab, nicht außer Fassung und Haltung hätten kommen sollen.«

David Friedrich Strauss an Christian Märklin

Berlin, den 15. November 1831.

An wen, geliebtester Freund! soll ich es schreiben, daß Hegel tot ist, als an Dich, dessen ich auch am meisten gedachte, so lange ich den Lebenden hören und sehen konnte? Zwar die Zeitungen melden es Dir wohl, ehe Dich mein Brief erreicht; aber auch von mir sollst und mußt Du es hören. Ich hoffte, Dir Erfreulicheres von Berlin aus schreiben zu können! Denke Dir, wie ich es erfuhr. Ich hatte Schleiermachern nicht treffen können, bis diesen Morgen. Da fragte er natürlich, ob mich die Cholera nicht abgeschreckt habe zu kommen, worauf ich erwiderte, daß ja die Nachrichten immer beruhigender geworden, und sie jetzt wirklich fast zu Ende sei. Ja, sagte er, aber sie hat noch ein großes Opfer gefordert – Pro-

fessor Hegel ist gestern Abend an der Cholera gestorben. Denke Dir diesen Eindruck! Der große Schleiermacher, er war mir in diesem Augenblick unbedeutend, wenn ich ihn an diesem Verluste maß. Unsere Unterhaltung war zu Ende, und ich entfernte mich eilig. Mein erster Gedanke war: nun reisest du ab, was tust du ohne Hegel in Berlin? Bald aber besann ich mich und bleibe nun. Hergereist bin ich einmal, – auf eine weitere Reise komme ich nicht mehr, und hier ist Hegel zwar gestorben, aber nicht ausgestorben. Ich freue mich, daß ich den großen Meister noch gehört und gesehen habe vor seinem Ende. Ich hörte beide Vorlesungen bei ihm: über Geschichte der Philosophie und Rechtsphilosophie. Sein Vortrag gab, wenn man von allen Äußerlichkeiten absieht, den Eindruck des reinen Fürsichseins, das sich des Seins für Andere nicht bewußt war, d. h. er war weit mehr ein lautes Sinnen, als eine an Zuhörer gerichtete Rede. Daher die nur halblaute Stimme, die unvollendeten Sätze, wie sie so augenblicklich in Gedanken aufsteigen mögen. Zugleich aber war es ein Nachdenken, wie man wohl an einem nicht ganz ungestörten Orte dazu kommen mag, es bewegte sich in den bequemsten, konkretesten Formen und Beispielen, die nur durch die Verbindung und den Zusammenhang, in welchem sie standen, höhere Bedeutung erhielten. Am Freitag hatte er beide Vorlesungen noch gehalten; Samstag und Sonntag fielen sie ohnehin weg; am Montag war angeschlagen, daß Hegel wegen plötzlicher Krankheit seine Vorlesungen aussetzen müsse, aber am Donnerstag ihre Fortsetzung anzeigen zu können hoffe, aber noch an eben dem Montag war ihm das Ziel gesetzt. Vorigen Donnerstag besuchte ich ihn. Wie ich ihm Namen und Geburtsort nannte, sagte er gleich: ah, ein Württemberger! und bezeugte eine herzliche Freude. Er fragte mich nach allerlei Württembergischen Verhältnissen, in welchen er noch mit ehrlicher Anhänglichkeit lebte, z. B. nach Klöstern, nach dem Verhältnis von Alt- und Neu-Württembergern und dergl. Über Tübingen sagte er, er höre, daß daselbst üble und zum Teil gehässige Vorstellungen über seine Philosophie herrschen; es treffe auch hier zu, sagte er lächelnd, daß ein Prophet nichts gilt in seinem Vaterlande. Von dem wissenschaftlichen Geiste in Tübingen hatte er die eigene Vorstellung, es werde da zusammengetragen, was dieser und was jener von einer Sache halte, da habe der das darüber gesagt, ein anderer jenes, auch lasse sich das noch sagen u. s. f. Es ist dies wohl für unsere

Zeit nicht mehr ganz richtig über Tübingen – der gesunde Menschenverstand und das orthodoxe System sind positivere Mittelpunkte seiner Theologie und Philosophie. Nach Deinem Vater erkundigte sich Hegel mit vieler Teilnahme, die Erwähnung Maulbronns brachte ihn darauf, er sagte, daß er mit ihm durch's Gymnasium und die Universität gegangen. Er wußte ihn noch in Neuenstadt; als ich sagte, daß er nun Prälat in Heilbronn sei, sagte der alte Württemberger: so, jetzt ist auch in Heilbronn ein Prälat? – Wenn man Hegeln auf dem Katheder sah und hörte, so gab er sich so unendlich alt, gebückt, hustend usw., daß ich ihn 10 Jahre jünger fand, als ich auf's Zimmer zu ihm kam. Graue Haare allerdings, bedeckt von jener Mütze, wie sie das Bild bei Binder zeigte, bleiches, aber nicht verfallenes Gesicht, helle blaue Augen und besonders zeigten sich beim Lächeln noch die schönsten weißen Zähne, was einen sehr angenehmen Eindruck machte. Er gab sich ganz als einen guten alten Herrn, wie ich bei ihm war, und sagte am Ende, ich solle öfters bei ihm einsprechen, er wolle mich dann auch mit seiner Frau bekannt machen. – Nun Morgen Mittag um 3 Uhr wird er begraben. Die Bestürzung ist ungemein auf der Universität; Henning, Marheineke, selbst Ritter lesen gar nicht, Michelet kam fast weinend auf den Katheder. Mein Stundenplan ist nun ganz zerrissen; ich weiß nicht, ob nicht vielleicht jemand die Hefte der zwei angefangenen Kollegien abzulesen unternehmen wird. Sonst höre ich bei Schleiermacher die Enzyklopädie, bei Marheineke den Einfluß der neueren Philosophie auf die Theologie, und jetzt, da Hegels Vorlesung wegfällt, kann ich auch noch die Geschichte des kirchlichen Dogma bei ihm hören, welche er zu gleicher Stunde mit Hegel las. Bei Henning höre ich Logik, bei Michelet Enzyklopädie der philosophischen Wissenschaften. Schleiermacher ist, weil er extemporiert, nicht leicht nachzuschreiben – er hat mich überhaupt bis jetzt – auch das Predigen miteingeschlossen, noch nicht besonders angezogen, – ich muß ihn zuvor mehr persönlich kennen lernen. Marheineke's Vortrag stellt man falsch dar, wenn man ihn stolz und affektiert nennt, er ist sehr würdig und mit unverkennbaren Spuren von Gefühl. Der freundlichste Mann hier ist aber Hitzig, der mir schon unzählige Gefälligkeiten erwiesen hat. Gestern führte er mich in eine Gesellschaft ein, in welcher namentlich Chamisso zu treffen war. Man liest Fichte's Leben vor. Chamisso, ein ältlicher, langer, hagerer Mann, mit einem grauen altdeutschen Haar, aber kohlschwarzen Augenbrauen. Im Gespräch ist er nicht viel, zerstreut, das Gesicht greulich verziehend, aber freundlich und zuvorkommend. So hätte ich also alles, – nur Dich, mein Bester, nicht und keinen der mir Dich irgend ersetzen könnte. Warum bist Du so eigensinnig fortgerannt, ohne auf uns zu warten? wirst Du sagen. Um Hegel noch zu sehen und ihm mit der Leiche zu gehen, antworte ich. Sende diesen Brief Bührern, damit er meinen Eltern sagt – worauf sie begierig sein werden – was ich jetzt nach Hegel's Tode zu tun gedenke.

Den 17. Gestern haben wir ihn begraben. Um 3 Uhr hielt Marheineke als Rektor im Universitäts-Saale eine Rede, einfach und innig, mich ganz befriedigend. Er stellte ihn nicht nur als König im Reich des Gedankens, sondern auch als echten Jünger Christi im Leben dar. Er sagte auch, was er bei einer kirchlichen Feier nicht würde gesagt haben, daß er wie Jesus Christus durch den leiblichen Tod zur Auferstehung im Geiste, den er den Seinigen gelassen, hindurchgedrungen sei. Hierauf ging der ziemlich tumultarische Zug vor's Trauerhaus und von da zum Gottesacker. Dieser war mit Schnee bedeckt, rechts stand die Abendröte, links der aufgehende Mond. Neben Fichte, wie er gewünscht hatte, wurde Hegel beigesetzt. Ein Hofrat Fr. Förster, ein Poet und Anhänger Hegel's, hielt eine Rede voll leerer Phrasen, wie das Gewitter, das lange über unseren Häuptern gestanden, und sich schon verziehen zu wollen schien, noch mit einem zündenden Strahl und hartem Donnerschlag ein hohes Haupt getroffen; und dies mit einem Ton, wie wenn man dem Kerl einen Sechser gegeben hätte, um das Ding geschwind abzulesen. Nachdem dies beendigt war, trat man näher zum Grab und eine von Tränen gedämpfte, aber hochfeierliche Stimme sprach: Der Herr segne Dich. Es war Marheineke. Dieser Eindruck befriedigte mich wieder ganz. Beim Austritt aus dem Gottesacker sah ich einen jungen Mann weinen und hörte ihn von Hegel sprechen. Ich schloß mich ihm an; es war ein Jurist, vieljähriger Schüler Hegel's. Damit Gott befohlen.

Voranzuschicken ist diesem Goethebrief weniges; ein kurzer Kommentar soll ihm folgen. In der Tat scheint die philologische Auslegung einem so großen Dokument gegenüber die bescheidenste Verhaltungsweise, zumal dem, was Gervinus über den allgemeinen Charakter der Goetheschen Spätbriefe in seiner Schrift »Über den Goetheschen Briefwechsel« sagt, in Kürze nichts hinzuzufügen ist. Auf der anderen Seite liegen fürs äußere Verständnis dieser Zeilen alle Daten bei der Hand. Am 10. Dezember 1831 war Thomas Seebeck, der Entdecker der entoptischen Farben, gestorben. Entoptische Farben sind durch eine gewisse mäßige Lichtanregung in durchsichtigen Körpern zum Vorschein kommende Farbenbilder. In ihnen erblickte Goethe einen experimentellen Hauptbeweis seiner Farbenlehre der Newtonschen gegenüber; er nahm also stärksten Anteil an ihrer Entdeckung und stand von 1802 bis 1810 zu ihrem in Jena ansässigen Urheber in näherer Beziehung. Als Seebeck späterhin in Berlin wirkte und dort Mitglied der Akademie der Wissenschaften wurde, lockerte sich das Verhältnis zu Goethe. Dieser verdachte es ihm, daß er an so sichtbarer Stelle nicht nachhaltig für die »Farbenlehre« sich einsetzte. Soweit die Voraussetzungen des folgenden Schreibens. Es stellt die Antwort auf einen Brief dar, in dem Moritz Seebeck, der Sohn des Forschers, gleichzeitig mit der Nachricht vom Ableben seines Vaters Goethe der Bewunderung versichert, die der Verstorbene bis zuletzt für ihn hegte und die »einen festeren Grund als den einer persönlichen Neigung hatte«.

Goethe an Moritz Seebeck

3. Januar 1832.

Auf Ihr sehr werthes Schreiben, mein Theuerster, habe wahrhaftest zu erwidern: daß das frühzeitige Scheiden Ihres trefflichen Vaters für mich ein großer persönlicher Verlust sei. Ich denke mir gar zu gern die wackeren Männer, welche gleichzeitig bestrebt sind, Kenntnisse zu vermehren und Einsichten zu erweitern, in voller Thätigkeit. Wenn zwischen entfernten Freunden sich erst ein Schweigen einschleicht, sodann ein Verstummen erfolgt und daraus ohne Grund und Noth sich eine Mißstimmung erzeugt, so müssen wir darin leider eine Art von Unbehülflichkeit entdecken, die in wohlwollenden guten Charakteren sich hervorthun kann, und die wir, wie andere Fehler, zu überwinden und zu beseitigen mit Bewußtsein trachten sollten. Ich habe in meinem bewegten und gedrängten Leben mich einer solchen Versäumniß öfters schuldig gemacht und will auch in dem gegenwärtigen Fall den Vorwurf nicht ganz von mir ablehnen. So viel aber kann ich versichern, daß ich es für den zu früh Dahingegangenen weder als Freund an Neigung, noch als Forscher an Theilnahme und Bewunderung je habe fehlen lassen, ja daß ich oft etwas Wichtiges zur Anfrage zu bringen gedachte, wodurch dann auf einmal alle bösen Geister des Mißtrauens wären verscheucht gewesen. Doch hat das vorüberrauschende Leben unter anderen Wunderlichkeiten auch diese, daß wir in Thätigkeit so bestrebsam, auf Genuß so begierig, selten die angebotenen Einzelheiten des Augenblicks zu schätzen und festzuhalten wissen. Und so bleibt denn im höchsten Alter uns die Pflicht noch übrig, das Menschliche, das uns nie verläßt, wenigstens in seinen Eigenheiten anzuerkennen und uns durch Reflexion über die Mängel zu beruhigen, deren Zurechnung nicht ganz abzuwenden ist. Mich Ihnen und Ihren theuren Angehörigen zu geneigtem Wohlwollen bestens empfehlend ergebenst

J. W. v. Goethe.

Dieser Brief ist einer der letzten, die Goethe geschrieben hat. Wie er, so steht auch seine Sprache an einer Grenze. Die Goethesche Altersrede erweitert das Deutsche in einem imperialen Sinne, der keinen Einschlag von Imperialismus hat. Ernst Lewy hat in einer wenig bekannten, aber um so bedeutsameren Studie »Zur Sprache des alten Goethe« gezeigt, wie die beschauliche, kontemplative Natur des Dichters im hohen Alter ihn zu eigentümlichen grammatischen und syntaktischen Fügungen bringt. Er hat auf das Vorherrschen von Komposita, den Schwund des Artikels, die Betonung des Abstrakten und viele andere Züge hingewiesen, die zusammenwirkend zur Folge haben, »jedem Wort einen möglichst großen Bedeutungsinhalt« zu geben und das gesamte Gefüge unterordnenden Sprachtypen wie dem Türkischen, einverleibenden wie dem Grönländischen angleichen. Ohne unmittelbar diese sprachlichen Gedanken aufzunehmen, suchen die folgenden Anmerkungen zu erhellen, wieweit diese Sprache von der gebräuchlichen abliegt.

»ein großer persönlicher Verlust sei«
– Sprachlich wäre der Indikativ mindestens ebenso möglich; der Konjunktiv an dieser Stelle verrät, daß das den Schreibenden beherrschende Gefühl von sich aus nicht den Weg zur Schrift, zum Ausdruck mehr verlangt, daß Goethe als Kanzlist des eigenen Innern es verlautbart.

»in voller Tätigkeit«
– Die Worte stehen als Kontrast zu: tot; ein wahrhaft antik empfundener Euphemismus.

»eine Art von Unbehilflichkeit«
– Der Schreiber wählt für das Verhalten des Greisen einen Ausdruck, welcher eher für das des Säuglings am Platze wäre, und dies, um ein Physisches an die Stelle eines Geistigen setzen zu können, und dergestalt den Tatbestand, sei es auch mit Gewalt, zu vereinfachen.

»nicht ganz von mir ablehnen«
– Goethe hätte wohl schreiben können »nicht ganz ablehnen«. Er schreibt »nicht ganz von mir ablehnen« und bietet damit sich, den eignen Leib, dem Vorwurf zur Stütze, gemäß der Neigung, die Abstraktion, die er im Ausdruck sinnlicher Dinge bevorzugt, ihrerseits im Ausdruck der geistigen in eine paradoxe Anschaulichkeit umschlagen zu lassen.

»das vorüberrauschende Leben«
– Bewegt und gedrängt heißt dies Leben an anderer Stelle: Beiworte, die es überdeutlich machen, daß der Schreiber selbst sich, betrachtend, an dessen Ufer zurückzog, im Geiste, wenn auch nicht im Bilde, jenes anderen Greisenwortes, mit dem Walt Whitman verschieden ist: »Nun will ich mich vor die Tür setzen und das Leben betrachten.«

»Einzelheiten des Augenblicks«
– »Zum Augenblicke möcht ich sagen: Verweile doch, du bist so

schön.« Schön ist der erfüllende Augenblick, der verweilende aber erhaben, wie der am Lebensende kaum mehr vorrückende, den diese Briefzeilen festhalten.

»das Menschliche ... in seinen Eigenheiten«
– Die sind das Letzte, worauf der große Humanist sich als in ein Asyl zurückzieht; die Idiosynkrasien, die diese späteste Lebensperiode regieren, auch sie stellt er unter das Patronat der Menschheit selbst. Wie durch das Mauerwerk eines unerschütterlichen, ausgestorbenen Baues zuletzt die schwachen Pflanzen, Moose sich ihre Bahn brechen, dringt hier, die Fugen einer unerschütterlichen Haltung sprengend, das Gefühl.

Es ist immer die gleiche Wendung – Hölderlin an Böhlendorf: »Deutsch will und muß ich übrigens bleiben, und wenn mich die Herzens- und Nahrungsnot nach Otaheiti triebe«; Kleist an Friedrich Wilhelm III.: daß er »schon mehr als einmal dem traurigen Gedanken nahe gebracht worden«, sich im Ausland ein Fortkommen suchen zu müssen; Ludwig Wolfram an Varnhagen von Ense: »Sie werden einen deutschen Schriftsteller von gewiß unbeflecktem literarischem Ruf nicht dem Elend zur Beute lassen«; Gregorovius an Heyse: »Diese deutschen Männer würden einen wahrlich verhungern lassen.« Und nun Büchner an Gutzkow: »Sie sollen noch erleben, zu was ein Deutscher nicht fähig ist, wenn er Hunger hat.« Es ist ein grelles Licht, das aus solchen Briefen auf die lange Prozession deutscher Dichter und Denker fällt, die an die Kette einer gemeinsamen Not geschmiedet, am Fuße jenes weimarischen Parnasses sich dahinschleppt, auf dem die Professoren gerade wieder einmal botanisieren gehen. – Für alles Unglück, von dem er Zeugnis ablegt, ist diesem folgenden Briefe das Glück zu überdauern zugefallen. Besonders sind die an die Seinen und an die Braut Eingriffen zum Opfer gefallen, welche der Bruder, Ludwig Büchner, an seinem Teil damit rechtfertigt, es sei ihm nur auf das angekommen, »was zur Kenntnis der politischen Bewegung jener Zeit und des Anteils, den Büchner daran hatte, wichtig erschien«. Diesem Anteil setzt der folgende Brief ein Ziel. Denn in der Frühe des 1. März 1835 floh Büchner aus Darmstadt. Schon seit einiger Zeit waren die Mitglieder der Gesellschaft der Menschenrechte der Behörde bekannt gewesen; die Arbeit am »Danton« ging, wie man gesagt hat, unter Polizeiaufsicht vor sich. Unter Polizeiaufsicht stand auch die Redaktion; als das Stück im Juli des Jahres erschien, nannte Gutzkow selbst es einen notdürftigen Rest, »die Ruine einer Verwüstung, die mich Überwindung genug gekostet hat«. Erst 1879 brachte Emil Franzos die unzensierte Ausgabe heraus. Die Wiederentdeckung Büchners am Vorabend des Weltkrieges gehört zu den wenigen literarpolitischen Vorgängen der Epoche, die mit dem Jahre 1918 nicht entwertet waren, und deren Aktualität einer Mitwelt, die die Reihe der eingangs erwähnten Äußerungen unabsehbar wachsen sieht, blendend einleuchten muß.

Darmstadt, Ende Februar 1835.

Mein Herr!

Vielleicht hat es Ihnen die Beobachtung, vielleicht, im unglücklicheren Fall, die eigene Erfahrung schon gesagt, daß es einen Grad von Elend gibt, welcher jede Rücksicht vergessen und jedes Gefühl verstummen macht. Es gibt zwar Leute, welche behaupten, man solle sich in einem solchen Falle lieber zur Welt hinaushungern, aber ich könnte die Widerlegung in einem seit Kurzem erblindeten Hauptmanne von der Gasse aufgreifen, welcher erklärt, er würde sich totschießen, wenn er nicht gezwungen sei, seiner Familie durch sein Leben seine Besoldung zu erhalten. Das ist entsetzlich. Sie werden wohl einsehen, daß es ähnliche Verhältnisse geben kann, die Einen verhindern, seinen Leib zum Notanker zu machen, um ihn von dem Wracke dieser Welt in das Wasser zu werfen, und werden sich also nicht wundern, wie ich Ihre Türe aufreiße, in Ihr Zimmer trete, Ihnen ein Manuskript auf die Brust setze und ein Almosen abfordere. Ich bitte Sie nämlich, das Manuskript so schnell wie möglich zu durchlesen, es im Fall Ihnen Ihr Gewissen als Kritiker dies erlauben sollte, dem Herrn Sauerländer zu empfehlen und sogleich zu antworten.

Über das Werk selbst kann ich Ihnen weiter nichts sagen, als daß unglückliche Verhältnisse mich zwangen, es in höchstens fünf Wochen zu schreiben. Ich sage dies, um Ihr Urteil über den Verfasser, nicht über das Drama an und für sich zu motivieren. Was ich daraus machen soll, weiß ich selber nicht, nur das weiß ich, daß ich alle Ursache habe, der Geschichte gegenüber rot zu werden; doch tröste ich mich mit dem Gedanken, daß, Shakespeare ausgenommen, alle Dichter vor ihr und der Natur wie Schulknaben dastehen.

Ich wiederhole meine Bitte um schnelle Antwort; im Falle eines günstigen Erfolges können einige Zeilen von Ihrer Hand, wenn sie noch vor nächstem Mittwoch hier eintreffen, einen Unglücklichen vor einer sehr traurigen Lage bewahren.

Sollte Sie vielleicht der Ton dieses Briefes befremden, so bedenken Sie, daß es mir leichter fällt, in Lumpen zu betteln, als im Frack eine Supplik zu überreichen, und fast leichter, die Pistole in der Hand: la bourse ou la vie! zu sagen, als mit bebenden Lippen ein: Gott lohn' es! zu flüstern.

G. Büchner.

Das Schauspiel »Prominenter«, welche unter hergebrachten Floskeln einem Jubiläum, einer Ehrung sich scheinen entziehen zu wollen, ist uns geläufig. Um aber den Sinn eines Verhaltens zu finden, das dergestalt gewöhnlich nur imitiert wird, muß man wohl in den Zeugnissen deutscher Menschen ein wenig zurückblättern. Da stößt man denn auf diesen Brief des großen Chirurgen Dieffenbach (1795–1847), und jene echte Bescheidenheit, die nicht Demut vor den Leuten, sondern der Anspruch auf Namenlosigkeit ist. Auch von dem, was in diesem Schreiben berührt wird, gelten Dieffenbachs Worte aus der gleichzeitigen Vorrede seiner »Operativen Chirurgie«: »Es sind keineswegs Überschauungen und Rückblicke in ein mühevolles und bewegtes Leben, keine schwermutvollen Betrachtungen am Abend des eigenen Daseins, sondern noch mit der Glut der Jugend und der Gegenwart erfaßte Begebenheiten, nicht bloß von vorgestern, sondern noch von gestern und noch von heute.« Kurz vor dem Tod versichert dieser Brief das fast vollbrachte Leben jener Treue, die den Tätigen zum Feiern so ungeschickt macht. Sie ist gewiß kein Ideal an sich. Wohl aber eignet dies Verhalten den großen Typen des deutschen Bürgertums, denen wir in dieser Briefreihe nachgehen. Wie weit wir dabei aus dem Kreise der »Dichter und Denker« uns entfernen dürfen, ohne darum eine geringere Kraft seiner Prägung zu finden, wird man, mit einiger Verlegenheit vielleicht, den folgenden Zeilen entnehmen.

Johann Friedrich Dieffenbach an einen Unbekannten

Potsdam, 19. Oktober 1847.

Es ist wohl möglich, daß einigen meiner Freunde nicht entgangen ist, daß ich heut vor 25 Jahren promoviert habe. Nur besorge ich, sie könnten von diesem Tage eine Art Aufhebens bei meinen Collegen und Bekannten machen, und etwas veranlassen, wodurch ich mit meinem Empfinden gewissermaßen in die Enge getrieben würde. Von je an ist es mir ein peinlicher Gedanke gewesen, der Löwe einer Feierlichkeit, ein begratulierter Zweckesser zu sein. Ich ließe mir heute lieber etwas operieren, als mich von den edelsten und besten Menschen beglückwünschen. Das ist nicht bloße

Demuth, sondern auch eine Art von Sehnsucht nach stiller Einsamkeit an diesem ganz allein für mich wichtigen Tage. Mir sind die 25 Jahre, welche ich für kranke Menschen in meinem Beruf gelebt habe, so schnell und befriedigend verstrichen, als wären es nur 25 Wochen, und ich fühle mich durch das bewegte und erschütternde Leben, in dem ich soviele Schmerzen sah, weder an Geist noch an Körper abgemattet, und es ist mir, als hätten die vielen Kranken, unter denen ich gelebt, mich so gestählt und gestärkt, daß ich auf neue 25 Jahre contrahire.

Wenn also heut am 19. Oktober einige Freunde und Bekannte, sowie andere gute Menschen meiner gedenken, weil sie gehört haben, daß mir heut vor 25 Jahren von dem lieben herrlichen seligen d'Outrepont der Doctorhut auf den Kopf gesetzt sei, so will ich dies freundliche Andenken in aller Stille und Einsamkeit genießen. Ich will ihnen nicht allein dafür danken, sondern auch für alles das Gute und Liebe, welches sie mir erzeigten und wodurch sie mir zur Erreichung meines Lebenszweckes förderlich waren.

Joh. Friedr. Dieffenbach.

Als Einführung zu dem folgenden durch Dahlmanns besorgte Frage nach dem Fortgang des Deutschen Wörterbuches veranlaßten Briefe mögen einige Stellen aus der Einleitung dieses Werkes hier Platz finden: »Es galt, unseren Wortschatz zu heben, zu deuten und zu läutern, denn Sammlung ohne Verständnis läßt leer, unselbständige deutsche Etymologie vermag nichts, und wem lautere Schreibung ein Kleines ist, der kann auch in der Sprache das Große nicht lieben und erkennen. Hinter der Aufgabe bleibt aber das Gelingen, hinter dem Entwurf die Ausführung. Ich zimmere bei Wege / Des muß ich manegen Meister han. Dieser alte Spruch läßt empfinden, wie dem zumute sei, der ein Haus auf offener Straße auferrichtete, vor welchem die Leute stehn bleiben und es begaffen. Jener hat am Tor und dieser am Giebel etwas auszusetzen, der eine lobt die Zieraten, der andere den Anstrich. Ein Wörterbuch steht aber auf dem allgemeinen Heerweg der Sprache, wo sich die unendliche Menge des Volkes versammelt, das ihrer im ganzen, lange nicht im einzelnen kundig, sowohl Äußerungen des Beifalls und Lobes als auch des Tadels erschallen läßt.« »Längst entbehrt unsere Sprache ihren Dualis, dessen ich mich hier immer bedienen müßte, und den Pluralis fortzuführen, fällt mir zu lästig. Ich will das Viele, was ich alles zu sagen habe, und von dem auch meine eigensten, innersten Empfindungen beschwichtigt oder angefochten werden, frischweg in meinem Namen aussprechen; leicht wird, sobald er künftig das Wort ergreift und seine weichere Feder ansetzt, Wilhelm meinen ersten Bericht bestätigen und ergänzen. Hingegeben einer unablässigen Arbeit, die mich, je genauer ich sie kennen lerne, mit stärkerem Behagen erfüllt, warum sollte ich bergen, daß ich meinesteils entschieden sie von mir gewiesen hätte, wenn unangetastet ich an der Göttinger Stelle geblieben wäre? Im vorgerückten Alter fühle ich, daß die Faden meiner übrigen angefangenen oder mit mir umgetragenen Bücher, die ich jetzt noch in der Hand halte, darüber abbrechen. Wie wenn tagelang feine, dichte Flocken vom Himmel nieder fallen, bald die ganze Gegend in unermeßlichem Schnee zugedeckt liegt, werde ich von der Masse aus allen Ecken und Ritzen auf mich andringender Wörter gleichsam eingeschneit. Zuweilen möchte ich mich erheben und alles wieder abschütteln, aber die rechte Besinnung bleibt dann nicht aus. Es gälte doch für Torheit, geringeren Preisen obschon sehnsüchtig nachzuhängen und den großen Ertrag außer acht zu lassen.« Und endlich dieser Schluß, geschrieben zu einer Zeit, da Deutschland – ohne Kabel zwar, aber ohne seine Stimme fälschen zu müssen – über das Meer hin gesprochen hat: »Deutsche geliebte Landsleute, welches Reiches, welches Glaubens Ihr seiet, tretet ein in die Euch allen aufgetane Halle Eurer angestammten, uralten Sprache, lernet und heiliget sie und haltet an ihr, Eure Volkskraft und Dauer hängt in ihr. Noch reicht sie über den Rhein in das Elsaß bis nach Lothringen, über die Eider tief in Schleswigholstein, am Ostseegestade hin nach Riga und Reval, jenseits der Karpathen in Siebenbürgens altdakisches Gebiet. Auch zu Euch, Ihr ausgewanderten Deutschen, über das salzige Meer gelangen wird das Buch und Euch wehmütige, liebliche Gedanken an die Heimatsprache eingeben oder befestigen, mit der ihr zugleich unsere und Eure Dichter hinüberzieht, wie die englischen und spanischen in Amerika ewig fortleben.

Berlin, 2. März 1854. Jacob Grimm.«

Jacob Grimm an Friedrich Christoph Dahlmann

Lieber Dahlmann,

Ihre Schriftzüge, so selten sie mir zu Gesicht kommen, habe ich auf den ersten Blick erkannt, vielleicht ginge es Ihnen nicht so mit den meinen durch das viele Schreiben etwas verschrumpfenden und ungleichen.

Ich bin in den ersten drei Monaten fast immer krankhaft gewesen, als ein übler Grippeanfall endlich überwunden schien, folgte auf ihn der zweite, härtere, der Bedenken einflößen konnte und mich wenigstens so herunter brachte, daß ich mich schwer erhole, denn noch ist nicht alles damit vorüber. Wenn ich oft schlaflos zu Bette lag, fuhr mir auch das Wörterbuch durch den Sinn.

Sie ermahnen mich liebevoll und dringend zu eifrigerer Fortarbeit. Hirzels Briefe tropfen schon jahrelang anhaltend auf denselben Fleck, zwar mit feinster Schonung, doch so, daß, wie wenn Frauen schreiben, dasselbe Anliegen immer darin enthalten ist, und auch, falls ich sie nicht läse, ich doch wüßte, was darin steht.

Im Widerspruch mit diesen Stimmen und einer innern in mir selbst, mahnen mich alle übrigen, die hier in mein Ohr tönen, ab von angestrengter Arbeit, und haben, wie Sie sich denken können,

am Arzt ihren Hinterhalt. Ich werde dadurch nicht stutzig noch unschlüssig, aber doch etwas gepeinigt.
Stellen wir uns das Bild des Wörterbuches einmal lebhaft vor. Ich habe in Zeit von drei Jahren für die Buchstaben A B C geliefert 2464 enggedruckte Spalten, welche in meinem Manuskript 4516 Quartseiten ausmachten. Hier will alles, jeder Buchstabe eigenhändig geschrieben sein, und fremde Hilfe ist unzulässig. Wilhelm wird in den drei darauf gefolgten Jahren das D, obschon er es dem Plan entgegen zu sehr ausführt, in 750 Spalten darstellen.
Die Buchstaben A B C D erreichen noch nicht ein Viertel des Ganzen. Es bleiben also, mild angeschlagen, noch gegen 13000 gedruckte Spalten oder nach Weise meines Manuskriptes 25000 Seiten zu schreiben. Fürwahr eine abschreckende Aussicht.
Ich dachte als Wilhelm in die Reihe trat, daß ich nun etwas aufatmen und an andere Arbeiten gehn könnte, die sich unterdessen getürmt hatten. Sobald Hirzel sah, daß Wilhelm langsamer schreitet und das Werk zurückblieb, begann er von mir zu begehren, ich solle, ohne das Ende von D abzuwarten, mit E beginnen, damit der Druck gleichzeitig geschehen könne. Buchhändlerisch betrachtet, war dies nicht unbillig, verdarb mir aber meine Ferien und störte meine Ruhe, denn bei dem Gedanken, alsbald wieder vortreten zu müssen, wies ich auch weit aussehende neue Arbeiten zurück und arbeitete mehr einzelnes aus.
Daß wir beide zugleich Wörterbuch arbeiten, hat auch äußerlich manches gegen sich. Die Menge von Büchern, die dabei gebraucht werden, müßten bald hier bald dort weggenommen werden. Da wir nicht in einer Stube sitzen, würde ein beständiges Laufen und Holen entspringen. Ich weiß nicht, ob Sie sich unsre Hauseinrichtung deutlich vorstellen. Fast alle Bücher sind an den Wänden meiner Stube aufgestellt und Wilhelm hat die größte Neigung, sie in seine Stube zu holen, wo er sie auf Tische legt, daß man sie schwer wieder findet. Trägt er sie aber an die alte Stelle, so ist ein unendliches Tür auf- und zuschlagen, das uns beiden lästig wird.
Dies ist nur ein äußeres Hindernis, das aus dem Zusammenarbeiten hervorgeht, die inneren sind viel schwerer.
Sie wissen es, daß wir beide von Kindesbeinen an brüderlich zusammenleben und einer ungestörten Gemeinschaft pflegen. Alles was Wilhelm arbeitet, geschieht mit fleißiger Sorgfalt und Treue, allein er geht langsam zu Werke und tut seiner Natur keine Ge-

walt an. Ich habe mir oft im Herzen vorgeworfen, daß er durch mich eigentlich in grammatische Dinge getrieben worden ist, die seiner inneren Neigung fernliegen, er hätte sein Talent, ja alles, worin er mir überlegen ist, besser auf andern Feldern bewährt. Diese Wörterbucharbeit verursacht ihm zwar auch Freude, doch mehr Pein und Not, dabei fühlt er sich selbständig und vereinbart sich ungern da, wo die Ansichten abweichen. So kommt es denn, daß die Gleichartigkeit des Plans und der Ausführung leidet, was dem Werke schadet, wenn es auch einigen Lesern sogar angenehm erscheint. In seiner Ausarbeitung ist mir darum einiges nicht recht, so wie umgedreht an der meinen ihm einzelnes mißfallen mag.
Ein solches Werk muß, wenn es gedeihen soll, in einer Hand liegen. Ich muß aber noch weiter ausholen.
Alle meine Arbeiten und Erfolge waren nie auf ein Wörterbuch hingerichtet und es tritt nachteilig dazwischen.
Ich empfinde weit mehr Lust, die Grammatik, der ich doch am Ende alles verdanke was ich erreichte, überhaupt zu vollenden, jetzt wächst sie über mich und ich muß sie unvollendet liegen lassen, vermag ihr nicht zu geben, was in meinen Kräften stände, wenn ich mich frei fühlte. Unterdessen auch haben sich manche andere und neue Gegenstände vor mir aufgetan, deren Behandlung mir weit näher zu Herzen ginge als das Wörterbuch, sie könnte ich erreichen, während das Ende des Wörterbuches unnahbar steht. Hätte ich diese ganze schwierige Lage vorausgesehen, ich würde damals mit Händen und Füßen das Wörterbuch abgewehrt haben. Meine Besonderheit und Eigentümlichkeit leidet darunter Abbruch.
Doch ich weiß, wozu ich verbunden bin, und habe bereits vor acht Tagen nach Leipzig gemeldet, daß ich noch diesen Monat anfangen will, ich werde also den Hals wieder unter das Joch beugen und erwarten, was die Zukunft bringt und wie sie es für mich ausgleicht.
Nun haben Sie, lieber Freund, einen langen Brief, den zu durchlesen Ihnen schwer geworden sein wird, aber Sie sind Schuld daran und wollen es so, weil Sie herzlich in mich drangen. Mich freut zu hören, daß jetzt drei Mädchen, in Lessings Sprache drei Frauenzimmerchen, in Ihrem Hause sind, wodurch Sie aufgeheitert werden. Ich bleibe Ihr treuer Freund.
Berlin, 14. April 1858. *Jacob Grimm.*

Georg Lukács hat die weittragende Bemerkung gemacht, das deutsche Bürgertum hätte seinen ersten Gegner – den Feudalismus – noch nicht zu Boden gerungen, als schon das Proletariat – sein letzter – vor ihm gestanden habe. Die Zeitgenossen Metternichs haben davon ein Lied singen können. Man braucht nur die »Geschichte des neunzehnten Jahrhunderts« des nie genug geschätzten Gervinus zu öffnen und dort zu lesen, was auch der emeritierte Haus-, Hof- und Staatskanzler noch kurz vor seinem Tode hat lesen können: »Es hat große Staatslenker gegeben, die drückender als Metternich regierten, aber durch Verdienste um den Staat ihre Härte vergüteten, die, selbst wenn sie wie Metternich ihre persönlichen Interessen dem Staatswohl voranstellten, doch, wo ihr Eigennutz nicht im Spiele war, das Gute aus Klugheit förderten oder in natürlicher Neigung und in dem gemeinen Trieb zur Tätigkeit. Nicht so war Metternich. Sein Interesse war die Untätigkeit, und es war daher immer im Spiele und mit dem Staatswohle immer im Streit.« Es war aber nicht sie allein, die dem Gestürzten jene Souveränität schenkte, die dieser Brief des Einundachtzigjährigen so sichtlich atmet, und auch nicht nur der ungestörte Genuß unabsehbarer Reichtümer, die sich der Fürst, wie man sagte, durch die »Kursgewinne und Teilungsverträge mit den Geldkönigen, die Dienste um Dienste, die Gewinne aus teuren Verkäufen ... und wohlfeilen Käufen, ... die Entschädigungs-, Friedens-, Evakuations-, Ausgleichungs-, Erwerbungs- und Schiffahrtsmillionen« in einem dreißigjährigen Frieden zu verschaffen gewußt hatte, sondern die denkwürdige politische Konfession, die sich in den acht Bänden seines handschriftlichen Nachlasses kaum irgendwo gültiger formuliert finden wird als in diesem vermächtnisartigen Schreiben an den Grafen von Prokesch-Osten, seinen einzigen Schüler und damaligen österreichischen Bundestagspräsidialgesandten in Frankfurt. Man kann von diesem Brief getrost den Bogen über ein halbes Jahrhundert schlagen und wird den Vorbehalt, der mehr noch als in allen seinen Worten in Metternichs vieldeutigem Lächeln lag – einem Lächeln, das dem Marschall Lannes kriechende Schmiegsamkeit zeigte, dem Freiherrn Hormayr List und Lüsternheit, dem Lord Russell nichtssagende Gewohnheit – man wird den Vorbehalt und dieses Lächeln bei Anatole France wiederfinden, der sagt: »Alle Augenblicke spricht man von ›Zeichen der Zeit‹. Aber die sind sehr schwer ausfindig zu machen. Nicht selten schien mir aus einigen kleinen Szenen, die unter meinen Augen sich abspielten, das Eigentümlichste unserer Epoche zu sprechen. In solchen Fällen aber geschah es neunmal von zehnen, daß ich genau das Gleiche mit entsprechenden Begleitumständen in alten Memoiren oder Chroniken wiederfand.« Das ist es; und darum wird das Leben stets von jenen destruktiv gestimmten Geistern – mögen sie als Grandseigneurs feudalistisch oder als Bürger anarchistisch gesinnt sein – am liebsten mit dem Spiel verglichen werden. Der Doppelsinn des Wortes ist ganz am Platze. Im folgenden Schreiben ist es das der Bühne mit seiner ewigen Wiederkunft alles Gleichen, in einem beinahe gleichzeitigen der Hasard, wobei »die Rücksichten auf Moral- und Rechtsbegriffe in den Skat« gehören. »Lackierten Staub« hat ein russischer Staatsrat den Fürsten genannt. Er hätte sein Lächeln darum nicht abgelegt: die Staatskunst war ihm ein Menuett, wonach im Sonnenlicht Stäubchen tanzen. So gab er von einer Politik sich Rechenschaft, die auch das Bürgertum in seiner großen Zeit nicht meistern konnte, ohne sie als Illusion zu durchschauen.

Fürst Clemens von Metternich
an den Grafen Anton von Prokesch-Osten

Wien, 21. Dezember 1854.

Lieber General!

Ich benütze die erste sichere Gelegenheit, um Ihnen für Ihre freundschaftliche Erinnerung an den 23. November zu danken. Der Tag hat sich zum 81. Mal eingestellt, und er bietet mir also kaum andere Blicke als in die Vergangenheit; die Zukunft gehört mir nicht mehr, und die Gegenwart bietet mir wenig Befriedigung.

Ich bin ein geborener Feind der Nacht und Freund des Lichts. Zwischen der totalen Finsternis und dem Zwielicht mache ich einen geringen Unterschied, denn in dem letzteren fehlt ebenfalls die belebende Helle. Wo wird hell gesehen? Wenn Sie es wissen, so sind Sie begabter als ich es bin. Ich sehe in allen Richtungen Widerspruch in den Worten und den Taten, den ehrlich aufgestellten Vorsätzen und den eingeschlagenen Wegen, dem Ver-

ständlichen in den Zwecken und dem Unverständlichen in der Wahl der Mittel! Irgend Neues vermag ich in den Objekten nicht zu entdecken, die Sachen sind die alten, und sie sind selbst nicht in einem neuen Gewand aufgestellt, das Handgreifliche in der Lage sind die gewechselten Rollen unter den Darstellern des Schaustückes. Daß dasselbe mit Flugwerken und kostbarer mise en scène ausgestattet wurde, hieran ist kein Zweifel. Man führe mir nur das Stück nicht als ein neues an und erlaube mir, die Entwicklung zum Ausspruch über die Behandlung des Stoffes abzuwarten.

Wahrhaft Neues liegt in der Art der Kriegführung der Seemächte, und es zeigt sich in der Dampfkraft. Ein Unternehmen wie das in der Krim wäre vor wenigen Jahren unmöglich gewesen, und es gehört unzweifelhaft zu den großen Experimenten. Wird der Nutzen den Kosten entsprechen? Dies wird auch die Zukunft lehren, welcher viele große Aufklärungen anheimgestellt bleiben. Der Himmel lenke sie zum besten!

Im Jahre 1855 wird sich vieles deutlicher zeigen, als ich es heute zu erkennen vermöchte. Ich hoffe Sie in dessen Verlauf zu sehen. Pläne mache ich nie über eine oder höchstens zwei Jahreszeiten hinaus; ich habe mich in allen Zeiten und Lagen nach der Decke zu strecken gewußt, und je älter meine Decke wird, um so mehr verkürzt sie sich.

Erhalten Sie mir Ihre Gefühle, wie Sie der meinigen versichert sein können.

Metternich.

Gottfried Keller war ein großer Briefschreiber. Es lag wohl in seiner schreibenden Hand ein Mitteilungsbedürfnis, das der Mund nicht kannte. »Es ist sehr kalt heute; das Gärtchen vor dem Fenster schlottert vor Kühle; siebenhundertundzweiundsechzig Rosenknospen kriechen beinahe in ihre Zweige zurück.« Solche Verlautbarungen mit ihrem kleinen Bodensatz von Nonsens in der Prosa (den Goethe einmal für den Vers obligat erklärt hat) sind der sinnfälligste Beleg dafür, daß das Schönste und Wesentlichste diesem Schriftsteller mehr noch als andern unter dem Schreiben kam, weswegen er sich qualitativ immer weniger zutraute, als er konnte, quantitativ immer mehr. Im übrigen sind seine Briefe nicht nur räumlich in einer Grenzmark des sprachlichen Bereichs gelegen. Sie stellen in vielen ihrer besten Exemplare ein Mittleres zwischen Brief und Erzählung dar, Gegenstücke der Mischform zwischen Brief und Feuilleton, wie sie gleichzeitig Alexander von Villiers pflegte. Den hingebenden Überschwang des 18. Jahrhunderts, die formvollendete Konfession der Romantik darf man in diesen Briefen nicht suchen. Ein Muster ihrer spröden, verschrullten Art ist der folgende, zudem wohl die ausführlichste Äußerung, die wir vom Schreiber über seine Schwester haben – jene Regula, von der er gesagt hat, daß sie »in puncto alte Jungfer leider auf die unglücklichere Seite dieser Nation zu stehen gekommen« sei. Auch der unfehlbare, nicht ganz unverschworene Blick, den Keller für das Angefaulte, Lumpige besaß, verleugnet sich nicht, wenn er dem Adressaten das Einverständnis der beiden fahrenden Vortragskünstler beschreibt. Und wie so oft beginnt er damit, seine Säumnis zu entschuldigen. »Die Korrespondenzen«, heißt es gelegentlich, »stehen wie Wolken über meinem armen Schreibtisch.« Er selber aber ist ein wolkenschiebender, von langer Hand schweigender, die Schwüle unversehens mit gezackten Späßen zerreißender, dumpf nachdonnernder Jupiter epistolarius.

Gottfried Keller an Theodor Storm

Zürich, 26. Februar 1879.

Ihr Brief, liebster Freund, so willkommen er mir ist, hat mich doch in ärgerlicher Weise an meiner Saumseligkeit ertappt, mit welcher ich seit Monaten mit einem Brief an Sie laborierte. Der Winter ist mir zum erstenmal fast unerträglich geworden und hat fast alle Schreiberei lahmgelegt. Immer grau und lichtlos, dabei ungewöhnlich kalt und schneereich, nach vorangegangenem Regenjahr, hat er mir fast täglich namentlich die Morgenstunden vereitelt. Ein einziges Mal hatte ich neulich ein Frühvergnügen, als ich eines Kaminfegers wegen um vier Uhr aufstehen mußte, der den Ofen zu reinigen hatte. Da sah ich das ganze Alpengebirge im Süden, auf acht bis zwölf Meilen Entfernung, im hellen Mondschein liegen, wie einen Traum, durch die vom Föhnwinde verdünnte Luft. Am Tage war natürlich alles wieder Nebel und Düsternis.

Ich wünsche Ihnen Glück zu Ihrem Landkaufe und Baumpflanzen; wer die Mutter noch hat, darf wohl noch Bäume setzen. Sie sind aber ja ein Hexenmeister von Fleiß, wenn wir drei neue Arbeiten zu gewärtigen haben; sie sollen und werden Ihrem guten Namen nichts schaden, da Sie ja das Vermögen nicht besitzen, absichtlich unter sich selbst herabzusteigen, wie gewisse Industrielle, und unabsichtlich hat es doch auch seine Mucken.

Den koketten Rhapsoden Jordan hab ich vor Jahren hier auch gehört, und zwar in den gleichen Kapiteln; gar wunderbar war es, das kränkliche Knäblein der Brunhild (welch modernes Romanmotiv!) zu Siegfried sagen zu hören: »Du bist lieber als Papa.*« Jordan ist gewiß ein großes Talent; aber es braucht eine hirschlederne Seele, das alte und einzige Nibelungenlied für abgeschafft zu erklären, um seinen modernen Wechselbalg an dessen Stelle zu schieben. Jenes Nibelungenlied wird mir auch mit jedem Jahr lieber und ehrfurchtgebietender, und ich finde in allen Teilen immer mehr bewußte Vollkommenheit und Größe. Als man nach der besagten Vorlesung in Zürich aus dem Saale ging, hatte sich der Rhapsode unter der Türe aufgestellt, und jeder mußte an ihm vorbeigehen. Vor mir her ging Kinkel, auch ein Vortragsvirtuose und »schöner Mann«, und nun sah ich, wie die beiden sich kurz zunickten und lächelten in einer Weise, wie nur zwei Frauen sich zulächeln können. Ich wunderte mich, wie zwei so lange Kerle und geriebene Luder sich gegenseitig so schofel behandeln mögen. Wahrscheinlich verdirbt das reisende Deklamierwesen etwas die Poeten.*

Petersen ist ja eine fürsorgliche edle Seele; wenn es auf ihn an-

käme, so ließe er uns den Verlegern schön mitspielen, daß ihnen Hören und Sehen verginge. Indessen schenken wollen wir den Herren gerade auch nichts. Da wir an Geldsachen sind, so will ich gleich noch einen wichtigen Punkt zur Sprache bringen. Sie haben nämlich schon einige Male Ihre Briefe mit Zehn-Pfennig-Marken frankiert, während es nach außerhalb des Reiches zwanzig sein müssen. Nun habe ich eine Schwester und säuerliche alte Jungfer bei mir, die jedesmal, wenn sie das Strafporto von vierzig Pfennigen in das Körbchen legt, das sie dem Briefträger an einer Schnur vom Fenster des dritten Stockes hinunterläßt, das Zetergeschrei erhebt: »Da hat wieder einer nicht genug frankiert!« Der Briefträger, dem das Spaß macht, zetert unten im Garten ebenfalls und schon von weitem: »Jungfer Keller, es hat wieder einer nicht frankiert!« Dann wälzt sich das Spektakel in mein Zimmer: »Wer ist denn da wieder?« (An Ihren Beraubungen haben Sie nämlich Konkurrenz in den österreichischen Backfischen, die an alle Dichter der letzten jeweiligen Weihnachtsanthologie um Autographen schreiben, sofern der Wohnort des betreffenden Klassikers aus dem Buche ersichtlich ist.) »Den nächsten Brief dieser Art«, schreit die Schwester fort, »wird man sicherlich nicht mehr annehmen!« – »Du wirst nicht des Teufels sein!« schrei ich entgegen. Dann sucht sie die Brille, um Adresse und Poststempel zu studieren, verfällt aber, da sie meine offenstehende warme Ofenröhre bemerkt, darauf, die Erbssuppe von gestern zu holen und in die Wärme zu stellen, so daß ich den schönsten Küchengeruch in mein Studierzimmer bekäme, was sonderlich für den Fall eines Besuches angenehm ist. »Raus mit der Suppe!« heißt's jetzt, »und stell sie in deinen Ofen!« »Dort steht schon ein Topf, mehr hat nicht Platz, weil der Boden abschüssig ist!« Neuer Wortkampf über die Renovation des Bodens, endlich aber segelt die Suppe ab, und die Portofrage ist darüber für einmal wieder vergessen; denn mit der Suppe hat Angriff und Verteidigung, Sieg und Niederlage gewechselt.

Haben Sie also die Güte, der Quelle dieser Kriegsläufte nachzugehen und sie zu verstopfen. Machen Sie es aber nicht wie Paul Lindau, der mir seinerzeit nach einer Reihe von halbfrankierten Mahnbriefen um irgend einen Geschäftsartikel schnöd bemerkte, so was könne bei ihm gar nicht vorkommen; höchstens könne es sich um ein einmaliges Versehen seines Sekretärs handeln, er bitte deshalb um Nachsicht wegen des unliebsamen Vorfalls usw. Da hatt' ich von diesem Humoristen mein Teil weg!

Ich danke für Ihre Jahreswünsche gar herzlich und hoffe, daß ich in der Tat einen Ruck vorwärts tue mit meinen Lebensrestanzen; denn der Handel fängt doch an, unsicher zu werden, und ein Altersgenosse nach dem andern wird kampfunfähig oder segelt gar von dannen. Ihnen wünsche ich gleichfalls das Beste, vor allem Beruhigung wegen des mysteriösen Übels, von dem Sie mir schrieben, und an das wir vorderhand nicht glauben wollen.

Ihr G. Keller.

Nietzsches Freund, der Basler Professor für protestantische Theologie und Kirchengeschichte Franz Overbeck, ist eine der großen Mittlergestalten gewesen. Was Sinclair Hölderlin bedeutet hat, ist Overbeck für Nietzsche gewesen. Solche Männer, in denen man oft nur eine Art wohlmeinender Helfer, wenn nicht gar Interessenvertreter gesehen hat, sind unendlich viel mehr: Repräsentanten einer einsichtsvolleren Nachwelt. So oft sie auch die primitivste Sorge für jene übernehmen, deren Rang sie ein für alle Mal erkannten, niemals übertreten sie die Schranken, die sie als Stellvertreter zu wahren haben. Kein Schriftstück aus dem langen, brieflichen Verkehr zwischen Nietzsche und Overbeck bezeugt das eindrucksvoller als das folgende. Und dies, weil von allen Briefen, die der Freund an Nietzsche gerichtet hat, dieser der kühnste sein mag. Nicht nur dem Vorschlag nach, mit dem er sich an den Verfasser des Zarathustra wendet: eine Gymnasiallehrerstelle in Basel anzunehmen – sondern gleich sehr durch die Beschwörungen, die Nietzsches Lebensform, ja seine innersten Konflikte angehen. Wie diese sich mit nüchternen Informationen und Erkundigungen durchflechten, das macht die eigentliche Virtuosität des Schreibens, das somit nicht nur wie von einem Paß den Blick auf Nietzsches Daseinslandschaft öffnet, sondern zugleich ein Bild vom Schreiber gibt. Und zwar von seiner innersten Natur. Denn dieser Mittler konnte, was er war, nur sein, weil er den schärfsten Blick für die Extreme hatte. Seine Streitschriften – »Christentum und Kultur«, »Über die Christlichkeit unserer heutigen Theologie« – haben das auf das rücksichtsloseste bekundet. Echte Christlichkeit ist ihm Religion unbedingter eschatologisch begründeter Weltverneinung, der gemäß ihm ihr Eingehen in die Welt und deren Kultur als Verleugnung ihres Wesens, alle Theologie von der patristischen Zeit ab als Satan der Religion erscheint. Daß er sich selber mit diesen Schriften »als Lehrer der Theologie zu Deutschland heraus geschrieben« habe, hat Overbeck gewußt. Hier der Brief, dessen Schreiber und Adressat freiwillig aus dem Deutschland der Gründerzeit sich verbannt hatten.

Basel, Ostersonntag, 25. März 1883.

Lieber Freund,
besser die Zeit, die Dir lang vorgekommen ist, ist auch wirklich lang gewesen, als ich könnte mich rechtfertigen und Du hättest Dich getäuscht. Mein letzter Brief ist allerdings vor Wochen geschrieben, längst fiel mir selbst dies aufs Herz, und doch habe ich sogar die erste Woche der Ferien eben ablaufen lassen, ohne mir dagegen geholfen zu haben. Von Muße, die mir diese Ferien gebracht hätten, ist eben keine Rede. Briefe und kleinere Arbeiten aller Art, die aufgelaufen waren, fielen sofort an der Schwelle über mich her. Daran erlahmt zeitweilig selbst der fast schmerzliche Drang zu einer Antwort, den neuerdings zumal Deine Briefe und das schwere, darin sich aussprechende Leiden erzeugen. Ich kann Dir nur sagen, auch für Deine Freunde ist es eine ernste Sache, daß Du trotz allem obsiegest, für alle, die Dir anhänglich sind im gewöhnlichen Sinne, für diejenigen, die Dich auch als »Fürsprecher des Lebens« schätzen noch in einem besonderen. Übermäßig dunkel lasten auf Dir augenblicklich Deine Vergangenheit wie Deine Zukunft, beides wirkt auch gewiß verderblich auf Deine Gesundheit und ist so nicht weiter zu ertragen. Bei der Vergangenheit, Deiner geistigen, denkst Du nur an Fehlgriffe und Unglücksfälle, nicht an das, was davon zu überwinden Dir noch stets möglich war. Andere, die Dir zugesehen haben und keineswegs nur Deine Freunde, haben meist auch dieses nicht übersehen. Wenn ich an das, was Dir doch auch gelungen ist, denke, so erinnere ich Dich an Deine Basler Wirksamkeit als Lehrer besonders, teils als deren Zeuge, teils weil mich das gleich auf Deine Zukunft bringen wird. Übervoll von ganz anderen Dingen, wie Du damals warst, hast Du Deinem Amt mit halbem oder Viertelsherzen obgelegen, immerhin mit etwas davon und jedenfalls mit solchem Erfolg, als ob es viel mehr gewesen wäre. Warum willst Du meinen, Du werdest nichts Gutes mehr machen, es sei überhaupt Nichts mehr gut zu machen? Das widerspricht schon englischer, sprichwörtlicher, also alter Weisheit, in der neuen Dir selbst geschaffenen Deiner Philosophie hat es vollends keinen Raum. Diese täuscht Dich zwar nicht über die Hemmnisse Deines Lebens und

seiner festen Gründung, aber sie gestattet Dir auch nicht sie zu überschätzen und Dich zu ergeben. Du frägst aber: Wozu noch etwas machen? Zum Teil wenigstens tritt Dir, mein ich, diese Frage aus der Dunkelheit, nämlich ungewöhnlichen Unabsehbarkeit Deiner Zukunft entgegen. Du schriebst mir neulich, Du wollest »verschwinden«. Deiner Phantasie schwebt dabei ein ganz bestimmtes, ohne Zweifel selbst sehr lebhaftes Bild vor, und es erfüllt Dich mit der Zuversicht (die ich mit solcher Freude doch immer wieder in Deinen Briefen auch jetzt hervorbrechen sehe), Dein Leben solle *Gestalt bekommen. Einen Freund kann aber die Eröffnung einer* solchen *Aussicht nur mit der äußersten Bänglichkeit erfüllen. Er hat jenes Bild nicht, und daß Du Dich dabei mit Frau Wagner zusammenstellst, beruhigt ihn am wenigsten. Sie ist wirklich, ohnehin am Schluß ihres Lebens, in einer Lage, wo ein solches schließlich sich vollkommen auf sich selbst Zurückziehen und auf das, was man gegen alle Welt sein eigen genannt hat, bei dem natürlichen menschlichen Egoismus noch etwas wahrhaft Beglückendes haben kann, und dies, meine ich, sogar in vollständiger Übereinstimmung mit einer verständigen, auf die menschliche Natur und sonst nichts gegründeten Moral. »Dein Verschwinden«, wenn es überhaupt etwas mit dem der Frau Wagner gemein haben soll, würde Dir gewiß kein Glück bringen. Ich sehe keine Möglichkeit für die Beruhigung, deren Du zur Zeit so sehr bedarfst, so lange Du nicht festere Ziele für Dein künftiges Leben ins Auge fassest. Und da will ich Dir denn einen Gedanken mitteilen, den ich kürzlich in Hinsicht auf Dich mit meiner Frau schon besprach und der uns Beiden der Überlegung nicht unwert erschien. Wie wäre es, wenn Du daran dächtest, wieder Lehrer zu werden, ich meine nicht akademischer, sondern Lehrer (etwa des Deutschen) an einer höheren Schule? Ich begreife sehr wohl alles Peinliche, was Berührungen mit dem adulten Männergeschlecht der Gegenwart für Dich haben, eine Rückkehr über die Jugend wird Dir ungleich leichter sein, oder vielmehr Du kannst selbst auch bei ihr ganz stehen bleiben und in Deiner Weise für Menschen wirken. Sodann ist solcher Lehrerberuf einer von denen, ja darin vielleicht keinem andern vergleichbar, für welchen Du in diesen letzten Jahren nicht nur keine Zeit verloren hast, sondern für welchen Du nur noch reifer geworden bist. Endlich würde es Dir mit einer Absicht dieser Art auch äußerlich – verzeih den schauderhaften, aber in unserer Zeit verständlichen Ausdruck, und ich will nur kurz und verständlich sein – an Anknüpfungspunkten nicht fehlen. Denn ich bin überzeugt, – rede übrigens dabei und in dieser ganzen Sache in strengstem Sinn nur aus mir heraus – daß Du hier damit ankämest. Bei diesen Andeutungen lasse ich es bewenden, das führst Du Alles, wenn der Gedanke bei Dir nur überhaupt anklingt, ja so schön wie ich's nur wünschen mag bei Dir aus. Für jetzt ist mein bester Trost, daß ich Dich unter ärztlicher Aufsicht weiß und da hoffentlich nichts Wesentliches und wirklich Zuträgliches versäumt wird. Den Winter haben wir hier auch erst im März zu kosten bekommen und noch vorgestern war ein äußerst rauher Tag. Möge es sich nun bald wenden, damit Du an eine zweckmäßige Übersiedlung denken kannst. Die Nachrichten über Deinen »Zarathustra« sind mir äußerst verdrießlich, und ich will nur hoffen, daß Du Dich durch Ungeduld zu keinem Bruch hinreißen lässest, oder wenigstens zu keinem außer mit dem Gedanken sofort weiter für den Fortgang der Sache, wo wir denn sehen müßten, wie etwa dafür Rat zu schaffen wäre. Was Du mir von der Entstehung des Gedichts schriebst, erfüllt mich mit Vertrauen auf seinen Wert, und für Dein Heil als Schriftsteller habe ich neuerdings immer von einem Werke dieser Art Hoffnungen gehabt. Daß es Dir mit den Aphorismen so wenig geglückt, läßt sich, meine ich, mit mehr als einem Grunde erklären. Soll ich an Schmeitzner einen Mahnbrief schreiben oder anfragen? – Diese Woche erhalte ich Dein Geld, dieses Mal 1000 frcs. Was soll ich Dir davon schicken und wie? Ich denke nun recommandiert an Deine Adresse, was aber nur mit Papier zu machen ist. – Mit herzlichen Grüßen meiner Frau, in Sorge und Freundschaft stets Deiner gedenkend Dein*

Fr. Overbeck.

Es würde von der Haltung, die die Briefe dieser Reihe heraufrufen sollen, ein oberflächliches Bild geben, stellte Freundschaft in ihnen immer nur in ihrem Glanze sich dar. Der folgende Brief Friedrich Schlegels, der aus einer Epoche stammt, in der die Beziehungen zwischen Schleiermacher und ihm sich getrübt hatten, bestätigt mehr vielleicht als alle aus glücklicheren Tagen die Worte Diltheys, daß in diesen vertraulichsten Mitteilungen Friedrich Schlegel ungleich edler erscheine »als in dem Bilde, das, freilich großenteils durch seine eigene Schuld, von ihm unserer Generation überliefert ist«. Der Brief bezieht sich auf ein Gespräch, das am 19. Juni 1799 zwischen den Freunden in Potsdam stattfand und in dem Schlegel, wie er sich später ausdrückt, auf Schleiermachers »Zuversicht im Unglauben«, auf seinen »Mangel an Sinn und Liebe im Einzelnen«, der ihn so oft geschmerzt habe, die Rede brachte. Anlaß dazu gab Schleiermachers Urteil über Schlegels Ideen. »Als ob ich fordern könnte, Du solltest die Ideen verstehen«, schreibt Schlegel ihm später, »oder unzufrieden darüber sein, daß Du sie nicht verstanden. Es ist mir ja eben nichts verhaßter als dieses ganzen Verstandes und Mißverstandes Wesen und Unwesen. Ich freue mich herzlich, wenn irgendeiner, den ich liebe oder achte, einigermaßen ahndet, was ich will, oder sieht, was ich bin. Du kannst leicht denken, ob ich in dem Falle bin, diese Freude oft erwarten zu können ... Geben Dir meine Schriften nur Anlaß, Dich mit einem hohlen Gespenst von Verstehen oder Nichtverstehen herumzuschlagen, so lege sie noch beiseite ... Das Gerede darüber kann aber gewiß wenig fruchten, geschweige denn gar über andere zartere Verhältnisse. Oder glaubst Du, daß zerrissene Blumen durch Dialektik wieder wachsen?« Im folgenden nun ein früherer Brief, in dem das Gefühl des Leidens noch frischer ist und die Haltung um so vornehmer.

Friedrich Schlegel an Schleiermacher

Ich schicke Dir die Correctur mit, weil ich nicht weiß, ob Dir der Titel so recht ist. Hier ist auch meine Notiz[1] *und ich wünschte, daß*

1 Eine Notiz über Schleiermachers »Reden über die Religion« für das Athenäum.

sie Dir ebenso recht sein möge, wie mir der Schluß der fünften Rede gefallen hat.
Nun laß uns vor jetzt lieber nicht wieder davon reden; denn Du hast mir das Licht, das ich sonst gern von Dir über Dich wünschte, auf eine so unfreundliche Weise gegeben, daß ich es lieber nicht wieder verlangen will. Es fruchtet auch wenig, denn ich kann nun einmal nicht so vorsichtig reden, und wenn nur eine Möglichkeit bleibt, meine Rede in einem gemeinen[2] *Sinn zu nehmen, so ergreifst Du sie unfehlbar. Das schadet denn weiter nichts, als daß wir in unserem verschiedenen Sprachgebrauch neben einander wegreden, wie den letzten Abend. Nur erinnert mich die Gefühllosigkeit, mit der Du es tust, natürlicherweise an die Art wie Du überhaupt meine Freundschaft mißhandelt hast, und diese Erinnerung möchte ich nicht gern wieder anregen. Da es aber doch einmal geschehen ist, so ergreife ich die Gelegenheit, Dir das Lebewohl zu sagen was mir seit Monaten auf den Lippen schwebt.*
Es wäre gut, wenn Du etwas dabei fühltest, denn es könnte Dich veranlassen, wenigstens ein einziges Mal eine Ausnahme von Deiner Exegese zu machen und es allenfalls, wenn es Dein Verstand zuläßt, als Hypothese zu denken, daß Du mich vielleicht von Anfang bis zu Ende durchaus nicht verstanden hättest. Und so bliebe wenigstens die Hoffnung, daß wir uns in künftigen Zeiten einmal verstehen lernten. Und ohne einen Schimmer dieser Hoffnung würde es mir an Mut fehlen, jenes Lebewohl zu sagen. Beantworte es nicht.

2 Hier im Sinn von banal.

Das Buch ›Deutsche Menschen. Eine Folge von Briefen‹ hat Walter Benjamin unter dem Pseudonym Detlef Holz 1936, während der Emigration, in der Schweiz erscheinen lassen. Vorher bereits, in den Jahren 1931/32, publizierte er die Briefe, mit den Einleitungen, einzeln in der ›Frankfurter Zeitung‹. Dabei schon mußte er den eigenen Namen verschweigen: der Faschismus warf seinen Schatten lange voraus. Indessen hatte die Veröffentlichung in der ›Frankfurter Zeitung‹, wie jüngst Zuschriften auf einen Aufsatz Benno Reifenbergs bestätigten, außerordentlich gewirkt.

Der Gedanke an die Wirkung erklärt den Titel. Er sollte, Benjamins eigener Angabe zufolge, ermöglichen, das Buch ins Dritte Reich zu importieren. Zugleich enthüllte das Motto den Lesern, auf die es abgesehen war, das Buch als oppositionell. Durch den puren Kontrast prangerte es das zerstörerische Selbstlob an; die Prunksucht, welche die der Gründerjahre zum Wahnsinn steigerte; den Eigennutz derer, die diesen auszurotten vorgaben. Besonders freute Benjamin Max Rychners Scherz über das Motto, Goethes Größe habe doch wohl nicht ganz des Glanzes ermangelt, eine jener witzigen Bemerkungen, die, nach einem wahrhaft chinesischen Satz Nietzsches, das kaum bemerkbare Lächeln erzeugen. Tatsächlich gelangte das Buch ungefährdet nach Deutschland; freilich ohne politischen Effekt. Die damals solche Literatur lasen, waren ohnehin Gegner des Regimes, neue schuf es ihm schwerlich. Benjamin teilte mit uns anderen Emigranten den Irrtum, Geist und List vermöchten etwas auszurichten wider eine Gewalt, die den Geist gar nicht mehr als Selbständiges kennt, sondern nur als ein Mittel zu ihren Zwecken, und darum keine Konfrontation mit ihm zu fürchten hat. Seine Abschaffung vermag der Geist kaum in sich hineinzunehmen.

Das Briefbuch begehrt auf gegen die Vernichtung des von den Nationalsozialisten vollends zur Ideologie erniedrigten deutschen Geistes. Es erinnert an diejenigen seiner Positionen, die sich rein hielten vom Schein und deren Sachlichkeit »mit keiner neuen den Vergleich zu meiden hat«. Es möchte eine unterirdische deutsche Tradition aufdecken; die dessen, was vom Nationalsozialismus schlechterdings nicht angeeignet werden konnte, der ja, gleichgültig gegen die spezifischen Differenzen, in denen der Geist sein Leben hat, alles, auch das ganz Heterogene, beschlagnahmte. Jener Unterstrom ist tief verwandt der Aufklärung, die in Deutschland nie recht gelang, während doch die großen idealistischen Philosophen alle, mit der einen Ausnahme Schellings, zu ihr sich bekannten. Weil es an dieser Tradition in Deutschland immer noch gebricht, weil die Verleumdung der Aufklärung das Dritte Reich überlebte, ist Benjamins Intention heute noch so aktuell wie vor dreißig Jahren. Zur katastrophischen Raschheit der geschichtlichen Veränderungen in der gegenwärtigen Epoche bildet es das Komplement, wie wenig durch diese veraltet, was dem Unheil nicht gleicht.

Der Briefband hat seine Einheit in dieser Intention, nicht in der Bedeutung der einzelnen Dokumente. Unter diesen finden sich neben solchen des obersten Rangs solche von bescheidenem, peinliche wie das von Seume. Auch die Auswahl der Korrespondenten hat kaum eigenes Gewicht. Benjamin zögerte nicht, in demselben Buch, das mit einem Brief Overbecks an Nietzsche endet, einen des von diesem verachteten David Friedrich Strauß abzudrucken: den über Hegels Tod. Seiner Neigung fürs Entlegene, vom offiziellen Geistesleben noch nicht Zermahlene hat Benjamin widerstanden. Neben ganz unbekannte stellt er berühmte Briefe wie den, in welchem Hölderlin sich einen von Apollo Geschlagenen nennt, den Goethes an Seebeck, den Hilfe heischenden Büchners an Gutzkow. Die Briefschreiber erscheinen in dem Band als Sozialcharaktere, nicht als individuelle. Sie verbindet eine Sprache, die so unvereinbar ist mit der zurichtenden des Befehls wie mit der hochtrabenden Phrase.

Wer über den Details jenen Ton ignorieren wollte, verstünde das Buch falsch. Nicht minder jedoch, wer es auf einen Begriff von Aufklärung festnagelte, der sich nicht darum kümmert, wie sehr diese selbst unterdessen in den Strudel der Unfreiheit hineingerissen wurde. Karl Löwith schrieb in der Abhandlung über Heidegger und Rosenzweig, beide hätten dadurch zusammengehört, »daß sich das Denken des einen wie des anderen von der Bewußtseinsmetaphysik des deutschen Idealismus abwandte, ohne dem Positivismus zu verfallen, und positiv durch ihren gemeinsamen Ausgang von der ›Faktizität‹ des menschlichen

Daseins«. Im selben Zusammenhang erwähnt Löwith Eugen Rosenstock, Buber, Hans Ehrenberg und andere. So sehr Benjamin in seiner reifen Zeit ihnen allen entgegen war, heute zeigt sich ein Gemeinsames zwischen ihm und ihnen, seinen Altersgenossen, in der Konzeption des Konkreten. Während diese dem Idealismus sich entgegensetzt, trägt sie theologische Farbe selbst dort, wo der Gedanke gegen Theologie sich spröd macht. Weil in einer Gesellschaft, deren Gesetz alle Beziehungen zwischen den Menschen zur Abstraktheit verurteilt, keine Konkretion mehr ist, möchte Philosophie diese verzweifelt beschwören, ohne über das Sinnlose des Daseins zu betrügen, aber auch ohne darin aufzugehen. Dies Motiv ist eines von Bewegungen der zwanziger Jahre wie dem sogenannten Patmoskreis, dem Hofmannsthals – der mit jenem durch Florens Christian Rang, einem Freund Benjamins, zusammenhing –, den dialektischen Theologen und der weit davon abliegenden Phänomenologie. All ihre Bemühungen stehen ausdrücklich unter der Maxime, das Einzelne sei weder bloß Exemplar seiner Gattung noch bloß Daseiendes. Sein Sinn, das, wodurch das Einzelne mehr ist als nur es selber, wird aufgesucht in den Bestimmungen seines Jetzt und Hier, nicht in der klassifikatorischen Ordnung. Rücksichtsloser als jene anderen hat Benjamin diesen Impuls verfolgt. Nichts erhoffte er sich von der Beschwörung; Rettung einzig von einer Profanität ohne Dunstkreis. Uneingeschränkt, in einem paradoxen Nominalismus, den das Barockbuch auch erkenntniskritisch begründete, hat er ins Einzelne sich versenkt, ohne alle Rückendeckung bei der Idee. Der Intention aufs Konkrete mischt er das materialistische Salz bei: das bestimmte Daseiende wird zum Substantiellen als in sich gesellschaftlich Vermitteltes. Wie Benjamin in den letzten Jahren seines Lebens dem Idol nachhing, seine eigene Philosophie nicht sowohl zu schreiben als womöglich deutungslos aus Materialien zu montieren, die selber reden, so verfuhr er auch im Briefbuch. Es will durch Auswahl und Anordnung Benjamins Philosophie durchschlagen lassen, ohne sie auf eine allgemeinbegriffliche Form zu bringen, die ihr selbst widerspräche. Es ist ein philosophisches Werk, kein geistesgeschichtliches oder literarisches.

Die Briefe sind allesamt asketisch, sei's in der Haltung, sei's im Verhältnis zum Ideal. Der Nachdruck ihres Prosaischen, ihre

Widerborstigkeit verklagt aber das prosaische Unwesen, dem die deutsche Tradition der Freiheit unterlag: Gegenteil von Anpassung. Der Utopie widerfährt Ehre durch Enthaltsamkeit gegenüber jedem positiv gesetzten Sinn. Dem eifern Benjamins Kommentare nach. Mit keinem Wort verrät der zu dem Brief Collenbuschs, der ihm der liebste war, welches Pathos bei Benjamin das Wort Hoffnung besaß, um das jener Brief zentriert ist wie Benjamins Interpretation der Wahlverwandtschaften; auch bei dem unvergleichlichen Schreiben der Annette von Droste-Hülshoff wird nicht enträtselt, wogegen die Dichterin sich sträubt wie gegen die Verkündigung eines Engels. Die Spannung des Prosaischen und Utopischen ist das Lebenselement der Briefe. Keines ist ohne das andere. Die Gewalt der Ernüchterung rührt her von der unbestechlichen Treue zum Traum, der nicht aufgezehrt werden soll von seiner Anrufung. Die Utopie flüchtet sich in die bittere Scham, daß es noch nicht gelang; ihr Ausdruck ist das Tabu über ihren Ausdruck. Alle Sachgehalte werden in dem Buch beredt, indem sie des Scheins sich entäußern; aller Geist darin sättigt sich mit der Schwere der Stoffe, die unversöhnt auf dem Schreibenden lastet; Idealität bewährt sich, indem sie das nicht verleugnen, keine Versöhnung vortäuschen. Die Kraft dazu aber eignet ihnen, weil zu jener Epoche in den Sachgehalten noch die Möglichkeit gefühlt werden konnte, an die rechte Stelle zu kommen, im citoyen die Humanität.

Das hintersinnige Buch erschließen hilft die Besinnung auf das, was Benjamin aussparte. Es enthält keine Texte der Philosophen des Jahrhunderts, sie werden nur an Reflexen spürbar; auch Briefe der Brüder der Philosophie fehlen, der großen Komponisten. Erst die Veröffentlichung von Benjamins eigenen Briefen wird seine Gegenposition zum Idealismus ganz ins Licht rücken; einem an Scholem ist zu entnehmen, wie antithetisch seine Verehrung für Kant war, wie sehr er in diesem die höchste Verkörperung dessen erblickte, wogegen er anging. Das erst verleiht dem Collenbuschbrief seinen Stellenwert. Aber während Benjamin gelegentlich von den Verwüstungen sprach, die der deutsche Idealismus anrichtete, und das ihm Exterritoriale liebte, war sein historisches Ingenium doch zu hellsichtig, als daß er danach Grenzen gezogen hätte. Er wußte, wieviel von der Bestimmung des Menschen im Idealismus wider die damals bereits heteronome

Gesellschaft sich verkörperte. Der Idealismus selbst war, in der Zeit seiner Würde, der eigenen Zusammensetzung nach durchdrungen von jener Gegenständlichkeit, der Benjamin nachhing; nach der Sprache Hegels muß die Idee sich entäußern, um zu sich selbst zu kommen. Erst als er sich zur feiertäglichen Weltanschauung neutralisierte, gleichgültig gegen die verändernde Praxis, ging der Idealismus unter in der Ideologie, die er immer auch gewesen war. Die Gründerjahre, historisch und sachlich das Gegenbild des Buches, waren die Ära des vulgären Materialismus und Idealismus zugleich.

Was Benjamin dagegen versammelt, fügt sich zu einer Exegese der Hölderlinschen Formel von der heiligen Nüchternheit. Nüchtern sind die Briefe vermöge des praktischen Sinns der Bürger, den sie zu jener Epoche guten Gewissens noch in ihren sublimsten Äußerungen duldeten. Das Beschränkende und Beschränkte behütet sie vor der Hybris, ihr Bewußtsein und der reale Zustand wären schon ein wahres Ganzes. Das unverschleierte Eingeständnis partikularer Eigeninteressen durch einen Ton, der die Lüge verschmäht, weist über sich hinaus. Es ist nicht nur die Wahrheit über die Schreibenden selbst, sondern auch die Ahnung, keine Wahrheit sei, solange nicht alle zu dem Ihren kommen. Auf solcher Stufe des Bewußtseins ist Wahrheit der Inbegriff bestimmter Negation, so wie der späte Benjamin Wahrheit daran erkannte, daß sie nicht gibt, sondern nimmt. In diesem Geist errettet das Buch die tiefsten Schatten des bürgerlichen Charakters, das versagende Prinzip. In der Einleitung des an Kant von dessen Bruder gerichteten Briefs ist provokatorisch von Bedingungen und Grenzen der Humanität die Rede. Nichts anderes kann damit gemeint sein, als daß die bürgerliche Notdurft, welche die Subjekte in ihren Umkreis bannt und in sich selbst modelt, eine Zeitlang ihnen jene Konkretion verlieh, die dann im Zustand losgelassener Produktion zerfiel, in dem sie nur noch Objekt sind, Konsumenten. Alle humanen Eigenschaften bilden sich in solcher Konkretion. In ihrer gesellschaftlichen Entstellung werden die Menschen der eigenen Fehlbarkeit inne, und das eigentlich ist das Humane. Auf den bürgerlichen Charakter, wie er bis ins jüngste Zeitalter überlebte und noch von der Freudischen Schule als analer verklagt wurde, fällt angesichts seines Untergangs versöhnlichtes Licht. Karg ist der Brief von Kants Bruder, Bertrams mahnender Glückwunsch an Sulpiz Boisserée, Kellers verschnörkelte Sorge, Storm möge bei seinen Briefen ihm das Nachporto ersparen; noch Overbecks vorsichtige Anregung, Nietzsche, bereits der Autor des Zarathustra, solle Gymnasialprofessor werden. Die stolze Gegenwehr freier Subjekte gegen Armut und einen Reichtum, dem sie als Bedrohung ihrer Autonomie mißtrauen, erzeugt Wärme zwischen ihnen und den Dingen, mit denen sie sparsam verfahren. Das ist das Klima, in dem Tradition gedeiht. Selbst die aneignende Manie des Sammlers ist auch ihr Gegenteil, konserviert die leibhafte Fühlung mit den sich entfernenden Objekten.

Die sprachliche Form der bedeutenden Nüchternheit ist der Lakonismus. Überflüssiges wird fortgelassen, aber das Fortgelassene zum Unsagbaren erhöht durch die Kraft, die es ins Wort ausstrahlt wie am Ende des Zelterbriefs. So nahe ist der Lakonismus seiner Sache, daß diese gleichsam zum Diesda zusammenschrumpft. In diesem Schrumpfungsprozeß wird sie aber zu mehr als bloß sie selber.

Jene Nähe bedarf einer gewissen Naivetät. Damit auch das Briefschreiben. Das Jahrhundert der Briefe war im Deutschen der Korrespondenz günstig, weil bürgerliche Beschränktheit, bei allem Bewußtsein, etwas von solcher Naivetät ererbte und zeitigte: auch sie Bedingung und Grenzen der Humanität in eins. Hätte das Bewußtsein die Enge kleinen Eigentums und unmittelbarer Zwecke ganz durchbrochen, so wäre es nicht mehr fähig gewesen, unmittelbare Erfahrung so aufzuheben, wie es jedem dieser Briefe glückte. Daß Goethe, nach Benjamins schöner Prägung, in den Spätbriefen das eigene Innere nur noch als Kanzlist seiner selbst verlautbart, antezipiert das geschichtliche Urteil über den Brief als Form. Sie ist veraltet; wer ihrer noch mächtig ist, verfügt über archaische Fähigkeiten; eigentlich lassen sich keine Briefe mehr schreiben. Benjamins Buch setzt ihnen das Denkmal. Die noch entstehen, haben etwas Falsches, weil sie durch den Gestus unmittelbarer Mitteilung Naivetät bereits erschleichen. Benjamins Buch lockt nicht zur Nachahmung der Texte, die es darbietet, sondern lehrt die Distanz von ihnen. Ihre Unwiederbringlichkeit wird zur Kritik des Weltlaufs, der, indem er das Beschränkende der Humanität tilgte, ohne diese zu verwirklichen, gegen Humanität sich kehrte.

Theodor W. Adornos Nachwort folgt der Ausgabe Theodor W. Adorno, *Gesammelte Schriften*, Band 11, Noten zur Literatur. Das Nachwort erschien erstmals in: *Deutsche Menschen*. Eine Folge von Briefen ausgewählt und eingeleitet von Walter Benjamin, Frankfurt a. M., 1962, S. 121–128.

Einzelausgaben

Berliner Kindheit um neunzehnhundert. Mit einem Nachwort von Theodor W. Adorno. Fassung letzter Hand und Fragment aus früheren Fassungen. BS 966. 117 Seiten

Charles Baudelaire. Ein Lyriker im Zeitalter des Hochkapitalismus. Zwei Fragmente. Herausgegeben und mit einem Nachwort von Rolf Tiedemann. stw 47. 214 Seiten

Einbahnstraße. BS 27. 126 Seiten

Illuminationen. Ausgewählte Schriften. Ausgewählt von Siegfried Unseld. st 345. 417 Seiten

Das Kunstwerk im Zeitalter seiner technischen Reproduzierbarkeit. Drei Studien zur Kunstsoziologie. es 28. 156 Seiten

Medienästhetische Schriften. Mit einem Nachwort von Detlev Schöttker. stw 1601. 448 Seiten

Das Passagen-Werk. Zwei Bände. Herausgegeben von Rolf Tiedemann. es 1200 und stw 935. 1354 Seiten

Ursprung des deutschen Trauerspiels. Herausgegeben von Rolf Tiedemann. Revidierte Ausgabe. stw 225. 234 Seiten

NF 102/2/3.03

Walter Benjamin in der edition suhrkamp
Eine Auswahl

Das Passagenwerk. Zwei Bände. Herausgegeben von Rolf Tiedemann. es 1200. 1354 Seiten

Moskauer Tagebuch. Herausgegeben und mit Anmerkungen von Gary Smith. Vorwort von Gershom Scholem. es 1020. 222 Seiten

Versuche über Brecht. Herausgegeben und mit einem Nachwort von Rolf Tiedemann. es 172. 157 Seiten

Zur Kritik der Gewalt und andere Aufsätze. Mit einem Nachwort von Herbert Marcuse. es 103. 107 Seiten

Walter Benjamin. Ein Lesebuch. Herausgegeben von Michael Opitz. Mit Abbildungen. es 1838. 731 Seiten

Benjamins Begriffe. Herausgegeben von Michael Opitz und Erdmut Wizisla. Zwei Bände. es 2048. 854 Seiten

Walter Benjamin
im suhrkamp taschenbuch wissenschaft
Eine Auswahl

Gesammelte Schriften. Unter Mitwirkung von Theodor W. Adorno und Gershom Scholem. Herausgegeben von Rolf Tiedemann und Hermann Schweppenhäuser. Sieben Bände. stw 931-937. 7583 Seiten. Auch einzeln lieferbar.

Ursprung des deutschen Trauerspiels. Revidierte Ausgabe von Rolf Tiedemann. stw 225. 234 Seiten

NF 301/1/3.00

Über Walter Benjamin
Eine Auswahl

Winfried Menninghaus. Walter Benjamins Theorie der Sprachmagie. stw 1168. 282 Seiten

Detlev Schöttker. Konstruktiver Fragmentarismus. Form und Rezeption der Schriften Walter Benjamins. stw 1428. 320 Seiten

Rolf Tiedemann. Dialektik im Stillstand. Versuche zum Spätwerk Walter Benjamins. stw 445. 195 Seiten

NF 301/2/3.00

suhrkamp taschenbücher
Eine Auswahl

Tschingis Aitmatow. Dshamilja. Erzählung. Mit einem Vorwort von Louis Aragon. Übersetzt von Gisela Drohla. st 1579. 123 Seiten

Isabel Allende
- Eva Luna. Roman. Übersetzt von Lieselotte Kolanoske. st 1897. 393 Seiten
- Fortunas Tochter. Roman. Übersetzt von Lieselotte Kolanoske. st 3236. 486 Seiten
- Das Geisterhaus. Übersetzt von Anneliese Botond. st 1676. 500 Seiten
- Im Reich des Goldenen Drachen. Übersetzt von Svenja Becker. st 3689. 337 Seiten
- Paula. Übersetzt von Lieselotte Kolanoske. st 2840. 488 Seiten
- Die Stadt der wilden Götter. Übersetzt von Svenja Becker. st 3595. 336 Seiten

Ingeborg Bachmann. Malina. Roman. st 641. 368 Seiten

Jurek Becker
- Amanda herzlos. Roman. st 2295. 384 Seiten
- Bronsteins Kinder. Roman. st 2954. 321 Seiten
- Jakob der Lügner. Roman. st 774. 283 Seiten

Samuel Beckett
- Molloy. Roman. Übersetzt von Erich Franzen. st 2406. 248 Seiten
- Warten auf Godot. Deutsche Übertragung von Elmar Tophoven. Vorwort von Joachim Kaiser. Dreisprachige Aussprache. st 1. 245 Seiten

NF 265/1/8.05

Louis Begley
- Lügen in Zeiten des Krieges. Roman. Übersetzt von Christa Krüger. st 2546. 223 Seiten
- Mistlers Abschied. Roman. Übersetzt von Christa Krüger. st 3113. 288 Seiten
- Schiffbruch. Roman. Übersetzt von Christa Krüger. st 3708. 288 Seiten
- Schmidt. Roman. Übersetzt von Christa Krüger. st 3000. 320 Seiten
- Schmidts Bewährung. Roman. Übersetzt von Christa Krüger. st 3436. 314 Seiten

Thomas Bernhard
- Alte Meister. Komödie. st 1553. 311 Seiten
- Heldenplatz. st 2474. 164 Seiten
- Holzfällen. st 3188. 336 Seiten
- Wittgensteins Neffe. st 1465. 164 Seiten

Peter Bichsel
- Eigentlich möchte Frau Blum den Milchmann kennenlernen. 21 Geschichten. st 2567. 73 Seiten
- Kindergeschichten. st 2642. 84 Seiten

Ketil Bjørnstad. Villa Europa. Übersetzt von Ina Kronenberger. st 3730. 536 Seiten

Volker Braun. Unvollendete Geschichte. st 1660. 112 Seiten

Bertolt Brecht
- Dreigroschenroman. st 1846. 392 Seiten
- Geschichten vom Herrn Keuner. st 16. 108 Seiten
- Hundert Gedichte. Ausgewählt von Siegfried Unseld. st 2800. 188 Seiten

NF 265/2/8.05

Lily Brett
- Einfach so. Roman. Übersetzt von Anne Lösch. st 3033. 446 Seiten
- New York. Übersetzt von Melanie Walz. st 3291. 160 Seiten
- Zu sehen. Übersetzt von Anne Lösch. st 3148. 332 Seiten

Antonia S. Byatt. Besessen. Roman. Übersetzt von Melanie Walz. st 2376. 632 Seiten

Truman Capote. Die Grasharfe. Roman. Übersetzt von Annemarie Seidel und Friedrich Podszus. st 3135. 208 Seiten

Paul Celan. Gesammelte Werke 1-3. Gedichte, Prosa, Reden. Drei Bände. st 3202-3204. 998 Seiten

Clarín. Die Präsidentin. Roman. Übersetzt von Egon Hartmann. Mit einem Nachwort von F. R. Fries. st 1390. 864 Seiten

Sigrid Damm. Ich bin nicht Ottilie. Roman. st 2999. 392 Seiten

Marguerite Duras. Der Liebhaber. Übersetzt von Ilma Rakusa. st 1629. 194 Seiten

Karen Duve. Keine Ahnung. Erzählungen. st 3035. 167 Seiten

Hans Magnus Enzensberger
- Ach Europa! Wahrnehmungen aus sieben Ländern. Mit einem Epilog aus dem Jahre 2006. st 1690. 501 Seiten
- Gedichte. Verteidigung der Wölfe. Landessprache. Blindenschrift. Die Furie des Verschwindens. Zukunftsmusik. Kiosk. Sechs Bände in Kassette. st 3047. 633 Seiten

Hans Magnus Enzensberger (Hg.). Museum der modernen Poesie. st 3446. 850 Seiten

NF 265/3/8.05

Laura Esquivel. Bittersüße Schokolade. Mexikanischer Roman um Liebe, Kochrezepte und bewährte Hausmittel. Übersetzt von Petra Strien. st 2391. 278 Seiten

Max Frisch
- Andorra. Stück in zwölf Bildern. st 277. 127 Seiten
- Biedermann und die Brandstifter. Ein Lehrstück ohne Lehre. st 2545. 95 Seiten
- Homo faber. Ein Bericht. st 354. 203 Seiten
- Mein Name sei Gantenbein. Roman. st 286. 288 Seiten
- Montauk. Eine Erzählung. st 700. 207 Seiten
- Stiller. Roman. st 105. 438 Seiten

Carole L. Glickfeld. Herzweh. Roman. Übersetzt von Charlotte Breuer. st 3541. 448 Seiten

Norbert Gstrein
- Die englischen Jahre. Roman. st 3274. 392 Seiten
- Das Handwerk des Tötens. Roman. st 3729. 357 Seiten

Fattaneh Haj Seyed Javadi. Der Morgen der Trunkenheit. Roman. Übersetzt von Susanne Baghestani. st 3399. 416 Seiten

Peter Handke
- Die drei Versuche. Versuch über die Müdigkeit. Versuch über die Jukebox. Versuch über den geglückten Tag. st 3288. 304 Seiten
- Kindergeschichte. st 3435. 110 Seiten
- Der kurze Brief zum langen Abschied. st 172. 195 Seiten
- Die linkshändige Frau. Erzählung. st 3434. 102 Seiten
- Mein Jahr in der Niemandsbucht. Ein Märchen aus den neuen Zeiten. st 3084. 632 Seiten
- Wunschloses Unglück. Erzählung. st 146. 105 Seiten

NF 265/4/8.05

Christoph Hein
- Der fremde Freund. Drachenblut. Novelle. st 3476. 176 Seiten
- Horns Ende. Roman. st 3479. 320 Seiten
- Landnahme. Roman. st 3729. 357 Seiten
- Willenbrock. Roman. st 3296. 320 Seiten

Marie Hermanson
- Muschelstrand. Roman. Übersetzt von Regine Elsässer. st 3390. 304 Seiten
- Die Schmetterlingsfrau. Roman. Übersetzt von Regine Elsässer. st 3555. 242 Seiten

Hermann Hesse
- Demian. Die Geschichte von Emil Sinclairs Jugend. st 206. 200 Seiten
- Das Glasperlenspiel. Versuch einer Lebensbeschreibung des Magister Ludi Josef Knecht samt Knechts hinterlassenen Schriften. st 2572. 616 Seiten
- Siddhartha. Eine indische Dichtung. st 182. 136 Seiten
- Unterm Rad. Erzählung. st 52. 166 Seiten
- Steppenwolf. Erzählung. st 175. 280 Seiten

Ödön von Horváth
- Geschichten aus dem Wiener Wald. st 3336. 266 Seiten
- Glaube, Liebe, Hoffnung. st 3338. 160 Seiten
- Jugend ohne Gott. st 3345. 182 Seiten
- Kasimir und Karoline. st 3337. 160 Seiten

Bohumil Hrabal. Ich habe den englischen König bedient. Roman. Übersetzt von Karl-Heinz Jähn. st 1754. 301 Seiten

Uwe Johnson
- Jahrestage. Aus dem Leben der Gesine Cresspahl. Einbändige Ausgabe. st 3220. 1728 Seiten
- Mutmassungen über Jakob. st 3128. 308 Seiten

NF 265/5/8.05

James Joyce
- Dubliner. Übersetzt von Dieter E. Zimmer. st 2454. 228 Seiten
- Ulysses. Roman. Übersetzt von Hans Wollschläger. st 2551. 988 Seiten

Franz Kafka
- Amerika. Roman. st 2654. 311 Seiten
- Der Prozeß. Roman. st 2837. 282 Seiten
- Das Schloß. Roman. st 2565. 424 Seiten

André Kaminski. Nächstes Jahr in Jerusalem. Roman. st 1519. 392 Seiten

Ioanna Karystiani. Schattenhochzeit. Roman. Übersetzt von Michaela Prinzinger. st 3702. 400 Seiten

Bodo Kirchhoff. Infanta. Roman. st 1872. 502 Seiten

Wolfgang Koeppen
- Tauben im Gras. Roman. st 601. 210 Seiten
- Der Tod in Rom. Roman. st 241. 187 Seiten
- Das Treibhaus. Roman. st 78. 190 Seiten

Else Lasker-Schüler. Gedichte 1902-1943. st 2790. 439 Seiten

Gert Ledig. Vergeltung. Roman. Mit einem Nachwort von Volker Hage. st 3241. 224 Seiten

Stanisław Lem
- Der futurologische Kongreß. Übersetzt von I. Zimmermann-Göllheim. st 534. 139 Seiten
- Sterntagebücher. Mit Zeichnungen des Autors. Übersetzt von Caesar Rymarowicz. st 459. 478 Seiten

NF 265/6/8.05

Hermann Lenz. Vergangene Gegenwart. Die Eugen-Rapp-Romane. Neun Bände in Kassette. 3000 Seiten. Kartoniert

H. P. Lovecraft. Cthulhu. Geistergeschichten. Übersetzt von H. C. Artmann. Vorwort von Giorgio Manganelli. st 29. 239 Seiten

Amin Maalouf
- Leo Africanus. Der Sklave des Papstes. Roman. Übersetzt von Bettina Klingler und Nicola Volland. st 3121. 480 Seiten
- Die Reisen des Herrn Baldassare. Roman. Übersetzt von Ina Kronenberger. st 3531. 496 Seiten
- Samarkand. Roman. Übersetzt von Widulind Clerc-Erle. st 3190. 384 Seiten

Andreas Maier
- Klausen. Roman. st 3569. 216 Seiten
- Wäldchestag. Roman. st 3381. 315 Seiten

Angeles Mastretta. Emilia. Roman. Übersetzt von Petra Strien. st 3062. 413 Seiten

Robert Menasse
- Selige Zeiten, brüchige Welt. Roman. st 2312. 374 Seiten
- Sinnliche Gewißheit. Roman. st 2688. 329 Seiten
- Die Vertreibung aus der Hölle. Roman. st 3493. 496 Seiten
- Das war Österreich. Gesammelte Essays zum Land ohne Eigenschaften. st 3691. 464 Seiten

Eduardo Mendoza. Die Stadt der Wunder. Roman. Übersetzt von Peter Schwaar. st 2142. 503 Seiten

Alice Miller
- Am Anfang war Erziehung. st 951. 322 Seiten

NF 265/7/8.05

- Das Drama des begabten Kindes und die Suche nach dem wahren Selbst. st 950. 175 Seiten

Magnus Mills
- Die Herren der Zäune. Roman. Übersetzt von Katharina Böhmer. st 3383. 216 Seiten
- Indien kann warten. Roman. Übersetzt von Katharina Böhmer. st 3565. 230 Seiten

Adolf Muschg
- Der Rote Ritter. Eine Geschichte von Parzivâl. st 2581. 1089 Seiten
- Sutters Glück. Roman. st 3442. 336 Seiten

Cees Nooteboom
- Allerseelen. Übersetzt von Helga van Beuningen. st 3163. 440 Seiten
- Die folgende Geschichte. Übersetzt von Helga van Beuningen. st 2500. 148 Seiten
- Philip und die anderen. Roman. Übersetzt von Helga van Beuningen. st 3661. 168 Seiten
- Rituale. Roman. Übersetzt von Hans Herrfurth. st 2446. 231 Seiten

Kenzaburô Ôe. Eine persönliche Erfahrung. Roman. Übersetzt von Siegfried Schaarschmidt. st 1842. 240 Seiten

Sylvia Plath. Die Glasglocke. Übersetzt von Reinhard Kaiser. st 2854. 262 Seiten

Ulrich Plenzdorf. Die neuen Leiden des jungen W. st 300. 140 Seiten

NF 265/8/8.05

Marcel Proust. Auf der Suche nach der verlorenen Zeit. Frankfurter Ausgabe. Herausgegeben von Luzius Keller. Übersetzt von Eva Rechel-Mertens. Sieben Bände in Kassette. st 3641-3647. 5300 Seiten

João Ubaldo Ribeiro. Brasilien, Brasilien. Roman. Übersetzt von Curt Meyer-Clason und Jacob Deutsch. st 3098. 731 Seiten

Patrick Roth
- Corpus Christi. st 3064. 192 Seiten
- Die Nacht der Zeitlosen. st 3682. 150 Seiten

Ralf Rothmann
- Hitze. Roman. st 3675. 292 Seiten
- Junges Licht. Roman. st 3754. 238 Seiten
- Milch und Kohle. Roman. st 3309. 224 Seiten

Carlos Ruiz Zafón. Der Schatten des Windes. Übersetzt von Peter Schwaar. st 3800. 565 Seiten

Jorge Semprún. Was für ein schöner Sonntag! Übersetzt von Johannes Piron. st 3032. 394 Seiten

Arnold Stadler. Mein Hund, meine Sau, mein Leben. Roman. Mit einem Nachwort von Martin Walser. st 2575. 164 Seiten

Andrzej Stasiuk. Die Welt hinter Dukla. Übersetzt von Olaf Kühl. st 3391. 175 Seiten

Jürgen Teipel. Verschwende Deine Jugend. Ein Doku-Roman. Über den deutschen Punk und New Wave. Vorwort von Jan Müller. Mit zahlreichen Abbildungen. st 3271. 336 Seiten

Hans-Ulrich Treichel
- Der irdische Amor. Roman. st 3603. 256 Seiten

NF 265/9/8.05